INTRODUÇÃO À ECONOMIA DA EDUCAÇÃO

INTRODUÇÃO À ECONOMIA DA EDUCAÇÃO

CARLOS ALBERTO RAMOS
Departamento de Economia — UnB

ALTA BOOKS
EDITORA
Rio de Janeiro, 2015

Introdução à Economia da Educação

Copyright © 2015 da Starlin Alta Editora e Consultoria Eireli. ISBN: 978-85-7608-924-7

Todos os direitos estão reservados e protegidos por Lei. Nenhuma parte deste livro, sem autorização prévia por escrito da editora, poderá ser reproduzida ou transmitida. A violação dos Direitos Autorais é crime estabelecido na Lei nº 9.610/98 e com punição de acordo com o Artigo 184 do Código Penal.

A editora não se responsabiliza pelo conteúdo da obra, formulada exclusivamente pelo(s) autor(es).

Marcas Registradas: Todos os termos mencionados e reconhecidos como Marca Registrada e/ou Comercial são de responsabilidade de seus proprietários. A editora informa não estar associada a nenhum produto e/ou fornecedor apresentado no livro.

Impresso no Brasil — Edição revisada conforme o Acordo Ortográfico da Língua Portuguesa de 2008.

Produção Editorial Editora Alta Books	**Supervisão Editorial** **(Controle de Qualidade)** Sergio de Souza	**Design Editorial** Aurélio Corrêa	**Gerência de Captação e** **Contratação de Obras** J. A. Rugeri	**Vendas Atacado e Varejo** Daniele Fonseca Viviane Paiva
Gerência Editorial Anderson Vieira	**Supervisão Editorial** **(Gráfica)**	**Marketing Editorial** Hannah Carriello marketing@altabooks.com.br	Marco Pace autoria@altabooks.com.br	comercial@altabooks.com.br **Ouvidoria**
Produtor Editorial Thiê Alves	Angel Cabeza			ouvidoria@altabooks.com.br
Assistente Editorial Jessica Carvalho				

| **Equipe Editorial** | Carolina Giannini
Christian Danniel
Claudia Braga | Gerd Dudenhoeffer
Juliana de Oliveira
Letícia de Souza | Milena Lepsch
Silas Amaro | |

Revisão Gramatical Priscila Gurgel	**Diagramação** Futura	**Layout** Aurélio Corrêa	**Capa** Carlos Sá *Editora Novaterra*

Erratas e arquivos de apoio: No site da editora relatamos, com a devida correção, qualquer erro encontrado em nossos livros, bem como disponibilizamos arquivos de apoio se aplicáveis à obra em questão.

Acesse o site www.altabooks.com.br e procure pelo título do livro desejado para ter acesso às erratas, aos arquivos de apoio e/ou a outros conteúdos aplicáveis à obra.

Suporte Técnico: A obra é comercializada na forma em que está, sem direito a suporte técnico ou orientação pessoal/exclusiva ao leitor.

Dados Internacionais de Catalogação na Publicação (CIP)

R175i   Ramos, Carlos Alberto.
          Introdução à economia da educação / Carlos Alberto Ramos. – Rio de Janeiro, RJ : Alta Books, 2015.
          256 p. : il. ; 24 cm.

          Inclui bibliografia, índice e anexos.
          ISBN 978-85-7608-924-7

          1. Educação - Aspectos econômicos. 2. Economia. 3. Capital humano. 4. Educação - Qualidade. 5. Salários. I. Título.

                                                    CDU 37:33
                                                    CDD 370.19341

Índice para catálogo sistemático:
1. Educação : Aspectos econômicos   37:33

(Bibliotecária responsável: Sabrina Leal Araujo – CRB 10/1507)

Rua Viúva Cláudio, 291 — Bairro Industrial do Jacaré
CEP: 20970-031 — Rio de Janeiro
Tels.: 21 3278-8069/8419 Fax: 21 3277-1253
www.altabooks.com.br — e-mail: altabooks@altabooks.com.br
www.facebook.com/altabooks — www.instagram.com/altabooks

A Ito (In memoriam)

SUMÁRIO

Apresentação ix

Capítulo I — A Educação sob o Prisma da Economia

1. Introdução 1
2. Um Pouco de História 2
   2.1. A Escola Clássica 2
   2.2. A Tradição Socialista 9
   2.3. O Surgimento da Moderna Visão Econômica da Educação 10
3. O Corpo Teórico 13
   3.1. Educação, Produtividade e Rendimentos–salários 13
   3.2. O Processo de Decisão na Acumulação de Educação 17
   3.3. A Educação como Poupança e Investimento 19
      a) O indivíduo como um espaço de investimento em si próprio ou os problemas dos investimentos nos seres humanos 19
      b) A educação como poupança 21
      c) A educação como investimento 22
      d) A incerteza do futuro e a tomada de decisões na educação..........24
      e) O valor do tempo no processo de acumulação de CH 26
      f) Por que algumas pessoas estudam e outras não? 27
      g) Retornos privados e sociais 29
      h) A depreciação do capital humano 30
4. Classificação do Capital Humano e suas Fontes 32
   4.1 Capital Humano Geral e Capital Humano Específico 32
   4.2. Uma Pluralidade de Fontes Nutrem a Formação do Capital Humano 36
      a) O sistema escolar não é o único âmbito a partir do qual se acumula CH 38
      b) A capacidade de acumular CHE específico depende do CHG 38
      c) O CHE tem menos flexibilidade que o CHG 39
      d) Capital Humano, processos recursivos e ciclo de vida 40

5. Comentários Finais..41

Anexo 1 O Valor do Tempo em Economia............................ 45

Capítulo II **Educação Absoluta ou Relativa? Conteúdo ou Credenciais?**

1. Introdução... 49
2. A Nossa Herança Genética 51
    a) Loteria da vida e condicionantes socioeconômicos 54
    b) Educação ⇨ Atributos Pessoais ou Atributos Pessoais ⇨ Educação? 58
3. A Educação como Filtro ou Sinal.....................................59
    a) Informação imperfeita, sinais e custos 60
    b) Sinais e filtros..62
    c) A inflação de diplomas e a questão da educação relativa 63
    d) O que o mercado valora? 65
    e) Treinamento no posto de trabalho (On-the-job training) 67
    f) Qual é a origem do que a educação filtra? 68
4. Potencialidades e Limitações da Educação Assumida como Filtro 69
    a) A importância da educação relativa 69
    b) A educação invisível 71
    c) A qualidade da educação 74
5. A Educação Determina a Produtividade ou a Produtividade é Delimitada pelo Posto de Trabalho? 77
6. Comentários Finais..81

Anexo 2 Qualidade da Educação e Cultura de Avaliação 87

Capítulo III **A Função de Produção na Educação**

1. Introdução...91
2. Considerações Metodológicas..93

     a) Eficácia e eficiência 94
     b) O desafio da avaliação: aspectos técnicos 94
     c) Limitações I: ausência de marco teórico de referência 100
     d) Limitações II: a articulação entre as variáveis 103
     e) Limitações III: a impossibilidade de generalização 103

3. As Variáveis Explicativas 105
     a) Gastos 105
     b) Salários, carreira docente e status social dos professores 110
     c) Remuneração e valor agregado 113
     d) Capital humano dos professores 114
     e) Infraestrutura, material didático, laboratórios, bibliotecas,
        computadores etc. 115
     f) Tamanho da turma 116
     g) Organização da escola (autonomia, remuneração, prestação
        de contas — accountability) 118
     h) O ambiente social 122
     i) O efeito da turma (peer effects) 124
     j) Fazer parte da população ativa
        (integrar o mercado de trabalho) 124
     k) Aumentar o tempo de permanência na escola 125

4. Comentários Finais...126

Anexo 3 Avaliação de Impacto..133

Capítulo IV **Educação, Crescimento e Distribuição**

1. Introdução..135

2. Educação e Crescimento...137
   2.1 O Crescimento como Resultado do Investimento em
      Educação: a formação do paradigma 137
   2.2. As Atividades no Desenvolvimento Científico e Tecnológico
      como Investimento 142
   2.3. A Educação e a Produção do Conhecimento como
      Variável Chave: os modelos de crescimento endógeno. 143
     a) Fugindo da pobreza e entrando no crescimento eterno 143

*b) Por que é tão particular a educação e a produção de
      conhecimento?* 146
   c) A questão da propriedade: arranjos institucionais possíveis 148
   *d) Os limites da regulação via mercado das atividades de
      geração e difusão de conhecimento* 150
   e) A questão da propriedade 151
   2.4 O Desafio da Validação Empírica 152

3. Aspectos Distributivos entre Salários (Distâncias Salariais) 157
   3.1. Crescimento, Viés Tecnológico e Diferenciação Salarial 158
      a) A corrida entre tecnologia e oferta de educação 158
      b) Conflito igualdade—imperativos econômicos 160
   3.2 A Nova Desigualdade: tecnologia, crescimento e
       mercados mundiais 162

4. Comentários Finais 165

Anexo 4 Definindo Externalidades, Bens Públicos e Rivalidade 171

Índice 175

Apresentação

Nos primórdios do desenvolvimento da Economia como disciplina, a delimitação de seu campo de estudo não parecia gerar grandes controvérsias. David Ricardo, no prefácio de sua principal obra, *Princípios de Economia Política e Tributação*, cuja primeira edição data de 1817, sustentou explicitamente: "Determinar as leis que regulam essa distribuição (de renda) é a principal questão da Economia Política [...]" (1982, p. 39). Até o fim do século XIX, essa perspectiva gozava de certo consenso. Estudar as supostas leis que regulam a distribuição de renda delimitava o espaço de reflexão da economia. Com o tempo, esse consenso foi se perdendo, sendo contraposto a um outro que circunscreve o domínio da economia ao estudo da alocação de recursos escassos, procurando pautar parâmetros de eficiência. A questão da alocação, mais técnica e menos permeada de juízos de valor e de noções de justiça, como naturalmente é o escopo das questões distributivas, parecia conduzir a Economia a âmbitos mais próximos das Ciências denominadas "duras", como a física.

O debate entre essas duas perspectivas se mantém até hoje, delimitando escolas de pensamento. Contudo, a partir de fins da década de 1950, os economistas começaram a opinar sobre áreas que, em princípio, pareciam bem distantes de seu alvo de pesquisa. Talvez a primeira investida tenha ocorrido na área de Educação, mas não esteve restrita a ela. O matrimônio, a quantidade de filhos — ver, por exemplo, Pollak (2002), Greenwood, Guner e Knowles (2003) —, o crime — por exemplo, Becker e Landes (1974) — etc. foram paulatinamente incorporados como áreas sobre as quais os economistas tinham o que dizer, e não em termos exclusivamente acadêmicos. Suas ponderações começaram a balizar a formatação de políticas públicas e seu "olhar" se tornava hegemônico, na perspectiva de abordar aspectos da vida que, em princípio, pareciam totalmente alheios a seu espaço de reflexão. Como decisões tão pessoais como casamento, número de filhos, tipos de criação etc. poderiam estar sujeitos a uma racionalidade econômica? Como delinquir-se ou não poderia ser uma opção, segundo a comparação entre custos e benefícios?

Mas, com o tempo, o aprimoramento teórico, a disponibilização de amplas bases de dados e o desenvolvimento de sofisticadas técnicas estatísticas, as inquietudes dos economistas continuaram em expansão. O funcionamento da justiça, o sistema político, a saúde etc. foram todas áreas para as quais os economistas foram paulatinamente expandindo sua "fronteira". Em geral, a resistência ensaiada foi mais ou menos relevante, segundo o campo de conhecimento, mas, em maior ou menor grau, o "olhar" econômico foi introduzido.

No caso específico da educação, não obstante as naturais relutâncias e receios dos profissionais que historicamente lidam com essa disciplina (como educadores e pedagogos), a perspectiva dos economistas tem, atualmente, tal hegemonia que o sistema escolar é assumido, no dia a dia, como um espaço que delimita as possibilidades de crescimento da economia, determina o perfil de distribuição de renda entre assalariados, define o leque de empregos e salários que o indivíduo terá em sua vida ativa, explica a pobreza e sua reprodução entre gerações, pauta o perfil de trabalhadores que a estrutura produtiva terá a sua disposição e segue até dar alguns "palpites" sobre a constituição dos casais. Polemizar sobre a pertinência ou não desta interpretação econômica de dimensões tão diversas da vida social, e mesmo da vida muito particular das pessoas, não está em nossa mira no presente livro. Concretamente, nosso objetivo será apresentar a moderna perspectiva que a economia tem sobre a educação e introduzir ao leitor a forma de olhar, a linguagem, as categorias etc. que um economista adota, hoje, quando o espaço de estudo é a educação. Como veremos no transcurso do livro, existem correntes e divergências, mas um certo consenso ou um dado olhar entremeia as diversas posições. Fugiremos, dessa forma, de uma avaliação crítica global que desqualifique ou mesmo relativize a validade de assumir a educação como uma dimensão suscetível de merecer uma reflexão em termos de custos e benefícios (presentes e futuros). Dessa forma, nos esquivaremos de introduzir no debate e avaliar posições para as quais o ensino faz parte do processo civilizatório e, nesse sentido, não poderiam nem deveriam estar sujeitas a um olhar econômico. Contrariamente, à medida que nosso objetivo consiste em resenhar a visão de um economista, uma certa perspectiva "economicista" acrítica dará o teor ao texto.

Dado esse objetivo, estruturamos este livro em quatro capítulos.

No primeiro, depois de uma breve digressão sobre o status da educação na história do pensamento, nos concentraremos no paradigma conceitual que foi desenvolvido a partir do fim dos anos 1950 nos EUA e que recebeu o nome de Teoria do Capital Humano. Neste paradigma conceitual, hoje hegemônico no mundo acadêmico e balizador no desenho de políticas públicas, o sistema de ensino é assumido como sendo um lugar de produção e distribuição de conhecimentos cognitivos e não cognitivos. Esses atributos determinarão a produtividade dos indivíduos e o reconhecimento, no mercado, dessa produtividade exercerá influência crucial sobre o nível de renda. Em torno dessa linha de argumentação, várias sofisticações são possíveis, como as proficiências e habilidades que, frutos da experiência profissional, mas não adquiridas no sistema escolar, influenciam na produtividade. Essa a matriz teórica concentrará nossas atenções no Capítulo I.

Contudo, o estabelecimento escolar não é unicamente um espaço físico no qual são transmitidas capacidades, habilidades etc. Ele também distribui credenciais (diplomas, certificados etc.) que podem ou não representar capital humano adquirido. Um diploma tem valor econômico? Por que? O que é reputado, a credencial ou o conteúdo? O que é essencial, o nível de educação de um indivíduo (educação absoluta) ou o patamar de educação quando comparado com o nível dos concorrentes (educação relativa) no mercado de trabalho? Essas questões serão nosso objeto de estudo no Capítulo II. Porém, o estabelecimento escolar não unicamente distribui credenciais ou agrega conhecimentos e proficiências, também é um entorno no qual se interage socialmente, se socializam valores e atitudes, se estabelecem relações sociais que podem ser um nexo crítico no momento de precisar a forma concreta de inserção na vida ativa. Esses aspectos também serão motivo de reflexão nesse mesmo capítulo.

Como estamos apresentando a perspectiva econômica, a questão da relação entre resultados e insumos não poderia deixar de ser abordada. A essa relação, os economistas dão o nome de Função de Produção na Educação. No Capítulo III, vamos ponderar aspectos analíticos e resenhar resultados empíricos encontrados quando são consideradas variáveis tais como o tamanho das turmas, o salário dos professores, a infraestrutura etc.

Por último, no Capítulo IV, nos aproximaremos dos marcos teóricos que vislumbram na educação, na produção e na apropriação de conhecimento etc. a mola propulsora do crescimento econômico nas economias modernas. Na literatura, esses marcos analíticos são conhecidos como Modelos de Crescimento Endógeno e, por certas características próprias da educação e do conhecimento, seriam promissores de um crescimento eterno, relativizando prospectivas pessimistas que identificam limites na capacidade do homem em elevar de forma contínua a disponibilidade de bens e serviços.

Os capítulos são complementados com boxes e anexos que abordam temas um tanto particulares (mas relevantes) ou definem certos conceitos e metodologias necessários para a compreensão do texto principal, mas que não são forçosamente conhecidos por um leitor não economista.

Bibliografia Citada

BECKER, G.S.; LANDES, W.M. (Eds.) *Essays in the Economics of Crime and Punishment*. Nation Bureau of Economic Research, 1974.

GREENWOOD, J.; GUNER, N.; KNOWLES, J.A. More on Marriage, Fertility, and the Distribution of Income. *International Economic Review*, v. 44. n. 3. p. 827–862, 2003.

POLLAK, R.A., Gary Becker's contributions to family and household economics. *NBER Working Paper n. 9232*, Oct. 2002. Disponível em: <http://www.nber.org/papers/w9232.pdf>. Acesso em: 13 mar. 2015.

RICARDO, D. *Princípios de Economia Política e Tributação*. Abril Cultural, 1982.

Capítulo I

A Educação sob o Prisma da Economia

> "As características mentais geralmente denominadas de analíticas são, em si mesmas, pouco suscetíveis a uma análise. Podemos apreciá-las somente através de seus efeitos."
>
> Edgar Allan Poe, *Assassinatos na Rua Morgue*

1. Introdução

Existem poucas associações estatisticamente tão fortes como aquela que vincula rendimentos (salários) com nível de escolaridade (ver Gráfico 1). Um indivíduo pode ter reduzida familiaridade com bases de dados ou com séries econômicas, mas ele saberá, com relativa certeza, que mais anos de estudo elevarão suas possibilidades de ocupar postos de trabalho melhor remunerados. A esta vantagem de se usufruir maiores salários podemos agregar outras (ocupações menos peníveis, maior status social, hierarquia mais elevada no interior das empresas, maior possibilidade de encontrar emprego, menor chance de cair no desemprego etc.), mas, em todos os casos, o imaginário popular outorga à maior dedicação aos estudos mais retornos econômico e social.

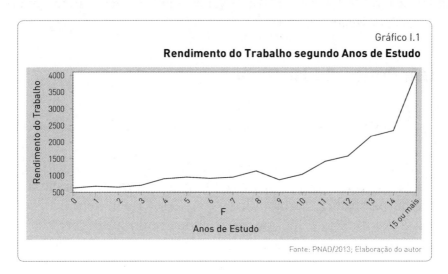

Gráfico I.1
Rendimento do Trabalho segundo Anos de Estudo

Fonte: PNAD/2013; Elaboração do autor

Neste capítulo, nosso objetivo será apresentar os fundamentos destes vínculos. Ou seja, tentaremos desenvolver os argumentos pelos quais os economistas justificam esta correlação ou, desde uma perspectiva mais geral, os custos e benefícios da educação em termos de magnitudes monetárias. Dado esse nosso objetivo, estruturamos nossa exposição da seguinte forma: na próxima seção, faremos uma breve resenha das primeiras tentativas de introduzir um olhar econômico sobre a educação, tentativas que remontam aos fundadores da economia com ciência e singularidades próprias, no século XVIII. Especificaremos as transições até a consolidação do pensamento moderno; consolidação que se concretiza entre as décadas de 1950 e 1970 do século XX. Na Seção 3, veremos como, no que denominamos de modelo padrão, ou seja, a perspectiva econômica hoje prevalecente, a educação adquire status teóricos próprios. Na Seção 4, aprofundaremos essa perspectiva, sofisticando a análise, à medida que desagregamos a educação para sua subdivisão, fragmentação que terá importantes desdobramentos. Por último, finalizamos o capítulo na Seção 5, com um balanço do exposto. Complementamos este capítulo com um anexo sobre o valor do tempo em economia. Na medida em que a educação é, como veremos, um processo de poupança/investimento com um horizonte temporal para que seus benefícios se concretizem, compreender o valor do tempo em termos econômicos constitui um pré-requisito essencial para a leitura deste capítulo, a partir da Seção 3. Nesse sentido, sugerimos aos leitores não familiarizados com conceitos como Valor Presente a realizarem uma leitura prévia desse anexo.

2. Um Pouco de História

2.1. A Escola Clássica

Referências à educação e seus desdobramentos econômicos já podem ser encontradas nas primeiras tentativas de tornar a economia uma disciplina passível de ser abordada com certo rigor científico. Adam Smith, o economista e filósofo escocês do século XVIII, em sua obra mais conhecida, *A Riqueza das Nações — Uma investigação sobre a Natu-*

2. Um Pouco de História

reza e as Causas da Riqueza das Nações (1776), livro tido como o início das modernas reflexões sobre a ciência econômica, já fazia referências à educação. Suas reflexões sobre o tema, contudo, são ambivalentes e articulam aspectos econômicos e sociais.

Adam Smith foi pioneiro na identificação das vantagens da divisão do trabalho e seu impacto sobre a produtividade. Hoje, é usual mencionar seu exemplo sobre a fabricação de alfinetes e a divisão do trabalho para sua produção como sendo uma singularidade das modernas formas de organização. Seu posicionamento era ambivalente por diversos motivos. Por um lado, ele mencionou a necessidade de qualificação no trecho:

> Um operário não treinado para essa atividade (que a divisão do trabalho transformou em uma indústria específica) nem familiarizado com a utilização das máquinas ali empregadas (cuja invenção provavelmente também se deveu à mesma divisão do trabalho), dificilmente poderia talvez fabricar um único alfinete em um dia, empenhando o máximo de trabalho. (SMITH, 1983a, p. 41).

A divisão do trabalho e o conseguinte treinamento específico teriam impactos positivos sobre a produtividade, assim,

> Se, porém, tivessem trabalhado independentemente um do outro, e sem que nenhum deles tivesse sido treinado para esse ramo de atividade, certamente cada um deles não teria conseguido fabricar vinte alfinetes por dia [...]" (SMITH, 1983a, p. 42).

Ou seja, a forma moderna de organização da produção exigiria certo treinamento dos trabalhadores, que, articulado com essa divisão do trabalho, geraria enormes ganhos de produtividade.

> [...] vejamos como o aprimoramento da destreza do operário necessariamente aumenta a quantidade de serviço que ele pode realizar; a divisão do trabalho, reduzindo a atividade de cada pessoa a alguma operação simples e fazendo dela o único emprego de sua vida, necessariamente aumenta muito a destreza do operário. (SMITH, 1983a, p. 43).[1]

---

[1] Poderíamos nos estender nas citações. Contudo, por uma questão de espaço, remetemos ao leitor interessado o Capítulo I de *A Riqueza das Nações*, Primeiro Volume.

Além desse aspecto estritamente econômico, Adam Smith assinalou alguns desdobramentos morais na divisão do trabalho nas modernas indústrias. O trabalho na agricultura tradicional seria irregular, esporádico etc., o que redundaria em um indivíduo "indolente e preguiçoso", e que acabaria afetando sua produtividade.[2] Dessa forma, a modernização na organização do trabalho, concentrado em grandes unidades de produção, significativa divisão de trabalho etc. teria como resultado assalariados bem treinados, com hábitos dignos de elogios (regularidade no tempo) etc., um perfil de personalidade que acabaria, também, tendo desdobramentos sobre a produtividade.

Contudo, sua posição era ambivalente, uma vez que essa maior destreza em uma tarefa, produto da divisão do trabalho, acabava limitando suas possibilidades de desenvolver-se intelectualmente.

O entorpecimento de sua mente o torna tão somente incapaz de saborear ou ter alguma participação em toda conversação racional, de conceber algum sentimento generoso, nobre ou terno, e, consequentemente, de formar algum julgamento justo até mesmo acerca de muitas das obrigações normais da vida privada. Ele é totalmente incapaz de formar juízo sobre os grandes e vastos interesses de seu país. (SMITH, 1983b, p. 213).

Justamente aí, interviria a educação, que teria de ser promovida pelo Estado a fim de desenvolver aspectos impossíveis de serem adquiridos apenas no processo de trabalho. O ensino de Ciências e Filosofia possibilitaria apreciar a beleza da literatura, música, dança etc. e evitar as superstições, fanatismos etc.

Assim, a moderna organização do trabalho requereria assalariados bem treinados para tarefas muito específicas, com hábitos regulares, mas justamente essa habilidade muito específica, e uma vida muito

---

[2] Em suas palavras: "O hábito de vadiar e de aplicar-se ao trabalho indolente e descuidadamente adquiridos naturalmente — e quase necessariamente — por todo trabalhador do campo que é obrigado a mudar de trabalho e de ferramentas a cada meia hora e a fazer vinte trabalhos diferentes a cada dia, durante a vida toda, quase sempre o torna indolente e preguiçoso, além de fazê-lo incapaz de aplicar-se com intensidade, mesmo nas ocasiões de maior urgência. Independentemente, portanto, de sua deficiência no tocante à destreza ou rapidez, essa razão é suficiente para reduzir sempre e consideravelmente a quantidade de trabalho que ele é capaz de levar a cabo."

2. Um Pouco de História

consagrada a uma atividade muito limitada redundaria em indivíduos sem formação geral, incapazes de desenvolver todas as potencialidades de um ser humano. O Estado teria de promover a educação (independentemente da idade) visando ampliar o horizonte limitado imposto pela divisão do trabalho, divisão intrínseca à moderna organização da produção e fonte dos ganhos de produtividade.

Contudo, Adam Smith chegou a sofisticar sua perspectiva na medida em que essa visão geral que outorgou à divisão do trabalho, papel crucial nos ganhos de produtividade, tem nuances quando distingue as diferentes qualificações entre os indivíduos. Nesse sentido, um indivíduo mais qualificado geraria um produto com mais valor. Esse maior retorno, por um dado tempo de trabalho, seria uma compensação econômica ao tempo dedicado a adquirir maiores habilidades.

> [...] se um tipo de trabalho exige um grau incomum de destreza e engenho, a estima que a pessoa tem por esses talentos naturalmente dará ao respectivo produto um valor superior àquele que seria devido ao tempo nele empregado. Tais talentos raramente podem ser adquiridos senão mediante longa experiência e o valor superior de seu produto muitas vezes não pode consistir em outra coisa senão numa compensação razoável pelo tempo e trabalho despendidos na aquisição dessas habilidades. (SMITH, 1983a, p. 77).

Nessa mesma linha de raciocínio, está a famosa frase que equipara um homem a uma máquina, na qual o retorno do investimento na acumulação de habilidades tem seu equivalente no investimento realizado em uma máquina. Em ambos os casos, trata-se de um investimento, seja em capital físico ou em capital humano, e nos dois, deve-se esperar por compensação financeira.

Vamos reproduzir esta clássica passagem de Adam Smith, em *A Riqueza das Nações*:

> Quando se instala uma máquina cara, deve-se esperar que o trabalho extraordinário a ser executado por ela antes que se desgaste permita recuperar o capital nela investido, no mínimo, com o lucro normal. Uma pessoa formada ou treinada a custo

> de muito trabalho e tempo para qualquer ocupação que exija destreza e habilidade extraordinária pode ser comparada a uma dessas máquinas dispendiosas. Espera-se que o trabalho que essa pessoa aprende a executar, além de garantir-lhe o salário normal de um trabalho comum, lhe permita recuperar toda a despesa de sua formação [...] (SMITH, 1983b, p. 119).

Ou seja, para A. Smith, que foi o inspirador de uma ampla corrente de economistas denominados clássicos, o tratamento dado à educação tinha ambiguidades. Desde uma perspectiva econômica, era fonte de produtividade e complementava os avanços na produtividade cuja raiz era a divisão do trabalho. Mas essa divisão, justamente, reduzia a potencialidade humana à dimensão requerida por tarefas de índole repetitiva. A educação teria de ser pública e ampliar a riqueza da existência, inclusive nas classes populares, para as tornar menos expostas a superstições, manipulações, propostas demagogas etc., todos fatores que podiam alterar a paz social.

A educação, assumida como uma política que contribui para a paz e harmonia social, também pode ser identificada na obra de Thomas R. Malthus (1766–1834), contemporâneo de Adam Smith. Lembremos que Malthus atribuía ao crescimento demográfico um lugar central na explicação das flutuações econômicas e na estagnação de longo prazo. Nesse sentido, a educação seria importante visto que uma população mais instruída teria mais consciência das razões de sua pobreza (o excessivo aumento demográfico), o que induziria condutas mais prudentes na esfera da reprodução (autocontrole sexual).

Nassau W. Senior (1790–1864), outra referência incontornável do pensamento clássico, acompanhando Smith e Malthus, via na educação um requisito para a paz social. Mas Senior já vislumbrava nexos entre educação e crescimento, introduzindo variáveis muito caras à economia moderna. A paz social, estreitamente vinculada ao nível de educação de um povo, possibilitaria o respeito aos direitos de propriedade e contribuiria para a previsibilidade, ambas variáveis que influenciariam o progresso econômico no longo prazo. Concomitantemente, a educação produziria um outro tipo de abstinência, não a sexual, como em Malthus, mas a de consumo. Maior poupança (abstinência de consumo hoje, para maior consumo no futuro; seja do próprio indivíduo, seja das gerações futuras) viabilizaria elevação no investimento, ampliando a capacidade de produção no tempo. Vemos, em Senior, uma correlação mais estreita entre educação e magnitudes econômicas; seja diretamente (maior poupança), seja indiretamente (paz social contribuindo para regras de jogo estáveis que propiciariam crescimento).

Senior também mencionou correlações entre trabalho infantil, nível de renda da família e educação, que podemos considerar como sendo o berço de atuais interpretações. Ele citou, explicitamente, o trabalho das crianças como comprometedor da educação e, nesse sentido, a regulamentação e desincentivo no ingresso ao mercado de trabalho de crianças foi sugerido. Se, por uma parte, o trabalho infantil afeta o nível de educação das crianças e jovens, a incorporação à vida ativa destes seria pautada pelo rendimento familiar.[3] Indiretamente, na medida em que os filhos são fonte de renda na família, e, aí, poderia ser identificado um aspecto que alimenta o crescimento demográfico, a educação obrigatória poderia ter impactos no tamanho da família (reduzindo o mesmo).

Em John R. McCulloch (1789–1864) observamos uma mudança um tanto radical na leitura das consequências da educação. Contrariamente aos autores anteriores, McCulloch acreditava que na ignorância residia uma sorte de resignação, achando os pobres que a alteração em sua situação estava além do alcance de suas possibilidades. De outro modo, um indivíduo educado podia associar sua condição na estratificação como produto social e não natural, abrindo espaço para a transformação mediante a ação humana. Por outra parte, este pensador clássico chegou a estabelecer vínculos entre as habilidades dos indivíduos, a produtividade e o dinamismo de uma nação. Ele diagnosticou o progresso da Holanda durante o período de auge do mercantilismo como resultado do ingresso de imigrantes (refugiados)

---

[3] Em realidade, em Senior, também vemos um "conflito distributivo" no seio do grupo familiar. O rendimento das crianças seria gasto pelos pais, em parte para benefício próprio, sendo estabelecido um conflito de interesses entre os pais (que procurariam consumo presente à escolarização dos filhos) com os interesses das crianças (mais educação para assegurar ganhos futuros que só seriam propiciados com maior frequência escolar). Ou seja, em termos da moderna linguagem em economia, o modelo de Senior não seria de pais altruístas. A educação obrigatória reduziria a intensidade desse suposto conflito.

com conhecimentos e habilidades (além de capitais) capazes de contribuir para seu desenvolvimento.

John Stuart Mill (1806–1873) foi o grande (e talvez último) economista da denominada escola clássica. Como genuíno representante do pensamento liberal, conforme J.S. Mill, a educação era assumida como o instrumento fundamental para tornar o homem livre e autônomo. Nesse sentido, defendia a escola aberta a todos e o poder público poderia ajudar financeiramente certas classes sociais para viabilizar a sua frequência ao sistema escolar. Coerente com sua ideologia liberal, o Estado poderia financiar a educação, mas não impor seu conteúdo nem mesmo induzir um monopólio. A fiscalização do Estado deveria limitar-se a controlar o desenvolvimento cognitivo do ensino, mas não o conteúdo. A educação deveria ser assumida como uma forma de igualar as oportunidades e, nesse sentido, a posição de J.S. Mill no tocante às mulheres era ilustrativa. Ele fez um paralelo entre subordinação dos pobres aos ricos com a subordinação das mulheres aos homens. Em ambos os casos, a igualdade e autonomia deveriam ser privilegiados e a educação ocupava um papel central na redução dessa desigualdade. A maior educação das mulheres teria, inclusive, impactos na natalidade, seja pela sua maior participação no mercado de trabalho seja pela adoção de métodos contraceptivos, que teriam, consequentemente, desdobramentos no âmbito econômico.

Fora desses aspectos nos quais o prisma filosófico liberal pauta argumentos econômicos, J.S. Mill acompanhou a posição de A. Smith, assumindo que um trabalho mais qualificado deveria apresentar salário maior para remunerar o investimento realizado pelo indivíduo. Esse diferencial, oriundo de diversas qualificações (níveis de educação), podia chegar a ser uma segmentação social, definindo classes, e a educação (ou falta dela) poderia, assim, ser uma barreira institucional para a mobilidade social. Nesse sentido, a educação poderia ser o instrumento a ser privilegiado no combate às desigualdades de oportunidades, devendo o papel do Estado limitar-se a um controle, desincentivando monopólios e imposição de conteúdos, e gerando mecanismos que, complementarmente às doações de origem privada, permitissem um concreto acesso de todos ao sistema escolar.

2.2. A Tradição Socialista

Observamos, assim, que nesse conjunto de filósofos–economistas os quais integraram o que corriqueiramente é conhecido como Escola Clássica, os argumentos econômicos só começavam a ser insinuados e permeavam as posições de cunho mais filosófico. De alguma forma, a escola marxista conserva essa tradição. A determinação das remunerações, nessa corrente, é basicamente estipulada pelo conflito distributivo. Nesse sentido, a educação é assumida como uma forma de livrar a classe operária da alienação e potencializar a sua capacidade de negociação. As escolas, as tarefas educativas, os jornais e a publicação de livros, propiciados pelos sindicatos e partidos socialistas, deveriam ser assumidos como parte da conscientização. Conscientização que só seria factível mediante atividades pensadas para este fim, uma vez que as economias de mercado (via fetichismo da mercadoria) impediriam que a exploração da classe trabalhadora (entendida como apropriação privada do excedente ou mais-valia) fosse inferida. No longo prazo, na medida em que a sociedade capitalista seria circunscrita no tempo, a educação científica e técnica seria crucial para determinar o progresso na futura sociedade socialista.

Essa diferenciação entre uma educação assumida como instrumento de luta social e conhecimentos e habilidades identificados como uma variável econômica fica evidente quando fazemos referência ao sempre mencionado artigo de Strumilin, de 1924. Nele, a educação, em um país socialista é explicitamente assumida como um fator econômico. Referindo-se aos primeiros anos da URSS ele sustenta que "For example, the rudimentary instruction gained in one year of primary education increases a worker's productivity on the average by 30 per cent [...]" (1962, p. 634).[4]

Essa tentativa de assumir explicitamente a educação como um fator suscetível de elevar a produtividade, com retornos passíveis de serem calculados, é uma perspectiva moderna, só popularizada por uma cor-

---
[4] O artigo de Strumilin foi originalmente publicado em 1924 na ex-URSS. Posteriormente, foi traduzido para diversos idiomas e reproduzido em diversas ocasiões. Aqui, estamos nos apoiando em uma versão em inglês e publicação pela UNESCO em 1962.

rente de pensamento que está nas antípodas do marxismo e que se tornou corriqueira a partir dos anos 1960. Esse tema será abordado na Seção 4 deste capítulo.

Voltando nossa atenção à abordagem de cunho marxista/socialista, a educação assumida como um instrumento de "desalienação" e subsídio às lutas sociais foi se alterando na medida em que, nos países de maior desenvolvimento relativo, a mesma vai se tornando compulsória e adquirindo um perfil de massas. A educação, para as correntes situadas à esquerda do espectro ideológico, começa a ser assumida como uma das diversas instâncias de reprodução da estratificação social. Sob esta perspectiva, o sistema educativo seria diferenciado segundo a origem social de seu público. Escolas de elite, por exemplo, de difícil acesso, seja por restrições financeiras seja por exigências acadêmicas, formariam recursos humanos para posições de mando. No outro extremo, escolas mais populares formariam indivíduos para tarefas subordinadas. Nesse olhar, o sistema educativo forma tecnicamente, mas também em termos de valores, gostos, atitudes, expectativas etc., de maneira que o resultado seria um perfil de formação determinado pela origem social e que tenderia a se reproduzir (Bowles; Gintis, 1977). Assim, o sistema educativo, diferentemente do que afirmavam pensadores clássicos e liberais, como J.S. Mill, não seria um mecanismo de mobilidade social, ao contrário, refletiria e reproduziria a estratificação existente (Bordieu; Passeron, 1970).

2.3. O Surgimento da Moderna Visão Econômica da Educação

Alfred Marshall (1842–1924) foi o economista da transição entre a economia clássica e a denominada economia moderna. Sua obra mais importante foi *Princípios de Economia*, publicada em 1890. Nela, foram introduzidos elementos que, até hoje, permeiam a perspectiva econômica da educação. Esta é assumida como um investimento com retornos financeiros bem concretos e o elo entre o investimento e esses retornos são os ganhos de produtividade que a acumulação de anos de estudo propicia. A relação de causalidade (sobre a qual retornaremos em diver-

2. Um Pouco de História

sas oportunidades no transcurso deste livro) entre educação e salários é explícita. Como afirmou Marshall,

> Os que são deixados atrás, nos campos, têm recebido muito melhor educação do que em tempos anteriores e, embora tendo talvez uma média menor de capacidade natural, ganham salários reais muito mais elevados que seus pais." (MARSHALL, 1982, p. 278).

Entre a relevância econômica da educação que observamos em A. Marshall e a incorporação dessa perspectiva dentro de um paradigma teórico consolidado, passou-se quase meio século. Desde o início do século XX e fins da década de 1950, o crescimento econômico de longo prazo foi olhado basicamente como uma questão restrita à dupla poupança-investimento, que possibilitaria ampliar a capacidade de produção (produto potencial) e a renda. O investimento seria complementado pelo desenvolvimento tecnológico e este seria exógeno, ou seja, não se tinha uma teoria sobre a origem deste. Poder-se-ia imaginar que o mesmo se nutria de cientistas e engenheiros que produziam avanços científicos/tecnológicos por iniciativas próprias, espíritos inquietos que, aleatoriamente, descobririam novos produtos, nas formas de produzir etc. Esses avanços se difundiriam pelo aparelho produtivo, tendo como corolário ganhos de produtividade. Dessa forma, os avanços nos níveis de renda na maioria dos países na primeira metade do século XX foram interpretados como uma virtuosa articulação entre investimento e desenvolvimento tecnológico, sendo este último gerado por processos que seriam alheios a iniciativas com vistas à rentabilidade financeira.

Foi no fim dos anos 1950 e ao longo das duas décadas posteriores que a educação começou a ter um tratamento específico. Nesses anos, a economia dominante (corriqueiramente denominada de *mainstream*) tinha consolidado um modelo relativamente robusto teoricamente e que os economistas denominam de modelo neoclássico.[5] Nesse modelo padrão, a educação era negligenciada, sendo marginalizada por magnitudes muito agregadas (poupança, investimento, capital, força de trabalho

---
[5] A denominação de neoclássico surge como uma tentativa de se diferenciar da escola clássica (A. Smith, Ricardo etc.), mas reconhecendo nesta suas raízes.

etc.). Essa agregação deixava a desejar quando se pretendiam analisar particularidades intrínsecas a ela. Por exemplo, o modelo podia tentar explicar o rendimento do trabalho e do capital. Mas olhar o agregado ou, alternativamente, o rendimento médio de um assalariado típico não iluminava aspectos mais específicos. Por exemplo, por que alguns assalariados apresentavam salários muito elevados e outros mal conseguiam preencher as necessidades básicas? Por que os jovens ganham menos que as pessoas adultas? Por que, em certas conjunturas, a distância entre salários tende a crescer e em outras a diminuir? As perguntas poderiam se estender. Apresentamos as anteriores como mera ilustração a fim de evidenciar que o modelo padrão não poderia dar resposta a certas questões que naturalmente deveriam ter alguma explicação em termos econômicos. Assumir o trabalho como um fator de produção similar ao capital (máquinas) sem diferenciar as singularidades de um conjunto heterogêneo não parecia ser uma escolha adequada para tentar responder a certas questões particularmente sensíveis (por exemplo, por que o desemprego dos jovens é, estruturalmente e na maior parte dos países, maior que aquele verificado entre a população adulta?). Logicamente, imaginar uma força de trabalho uniforme não introduz problemas quando abordamos questões macro (por exemplo, o custo em termos de emprego de uma política de estabilização). Contudo, aspectos distributivos ou desigualdades de renda individuais não podem ser entendidas, senão, mediante algum tipo de paradigma teórico que nos permita explicar a formação dos rendimentos em suas particularidades (por exemplo, por que um engenheiro recebe um salário superior a um outro assalariado que tenha apenas o segundo grau completo).

Por outra parte, em termos de crescimento de longo prazo, assumir a hipótese de um desenvolvimento tecnológico exógeno, produto de mentes inquietas ou de um processo aleatório, não parecia ser instigante teoricamente e tampouco dava resposta à estreita correlação entre desenvolvimento dos países e educação de sua força de trabalho ou entre crescimento e recursos alocados à pesquisa e ao desenvolvimento. A educação devia ter algum tipo de vínculo com as perspectivas de aumento de renda no longo prazo. Tanto a intuição quanto os dados induziam a pensar que esse vínculo existiria.

A partir do modelo padrão da economia moderna que foi se consolidando desde Marshall, nas Universidades de Chicago e Columbia (EUA), entre fins dos anos 1950 e 1970, uma abordagem, que complementa o pensamento econômico consolidado até então, vai tomando corpo. Os economistas Jacob Mincer (1922–2006), Theodore Schultz (1902–1998) e Gary Becker (1930–2014) são nomes associados a uma revolução interna da escola neoclássica que acabou sendo conhecida como a Teoria do Capital Humano (TCH). A transcendência da obra desses autores é de tal magnitude que dois deles (Schultz em 1979 e Gary Becker em 1992) foram laureados com o Prêmio Nobel de Economia.[6]

3. O Corpo Teórico

3.1. Educação, Produtividade e Rendimentos–Salários

A TCH faz uma leitura da educação que parte de uma relação crucial no modelo econômico padrão: a remuneração de cada fator de produção tem estreitos vínculos com sua contribuição ao produto, ou seja, com sua produtividade.[7] A firma ou empresa contrata fatores de produção (basicamente, trabalho e capital) e, utilizando uma dada tecnologia, os combina para atingir o máximo produto. Na medida em que uma firma tem como objetivo a maximização do lucro, a contratação de um assalariado só será interessante se o valor da oferta que ele gere for superior (ou no máximo igual) ao custo de sua contratação (ou seja, ao salário, no caso de um trabalhador).

Se esse princípio geral é válido, temos um corolário lógico no caso de abrir o fator de produção "trabalho" em função de seu grau de es-

---

[6] Entre as diversas contribuições desses autores, talvez as mais relevantes sejam Mincer (1958), Schultz (1960, 1961) e Becker (1975).

[7] Em realidade, colocados de forma mais robusta termos mais consistentes teoricamente, a remuneração de cada fator estaria dada por sua produtividade marginal, ou seja, a contribuição ao produto da última unidade de cada fator contratado. Provar que é, especificamente, a produtividade marginal a magnitude relevante para remunerar fatores de produção nos distanciaria de nossos objetivos. Dessa forma, podemos manter nossa afirmação do vínculo entre produtividade e rendimentos sem que a mesma confronte as proposições teóricas da escola que estamos apresentando.

colaridade: as distintas remunerações refletirão diferentes produtividades. Paralelamente a esse princípio teórico geral, temos que, em todas as economias do mundo, sem exceção, quanto maior for a escolaridade de um ocupado, maior será seu rendimento (ver o Gráfico 1 ao qual já fizemos referência). A inclinação dessa relação (ou seja, o impacto que um ano a mais de estudo tem sobre o salário) pode mudar de país para país ou, dentro de uma mesma economia, com o passar do tempo, mas sempre teremos uma relação positiva: quanto maior o nível de educação de um indivíduo, maiores serão os rendimentos.

Neste ponto, é pertinente introduzir duas perspectivas: a do indivíduo e a da firma.

A visão da firma pode ser sintetizada a partir das premissas teóricas que apresentamos nos parágrafos anteriores. Ela observará os salários de mercado segundo cada nível de escolaridade e o preço do capital, para, posteriormente, combinar os diferentes tipos de trabalho com diferentes alternativas de capital de tal forma a maximizar seu lucro.[8] Em todos os casos, teremos que o princípio básico deve ser preenchido: cada contratação será paga em função de sua produtividade.

Resulta mais ou menos óbvio que, se existe um nexo entre escolaridade (anos de estudo) e rendimentos, em última instância vai ser a produtividade a explicação dos rendimentos, sendo a trilha de causalidade a seguinte:

Escolaridade ⇨ Produtividade ⇨ Salários

A escolaridade elevaria a produtividade dos indivíduos na medida em que aumenta a capacidade cognitiva, suas habilidades em administrar tecnologias, conhecimentos de processos, capacidade de comunicação etc. A esse conjunto de qualidades, que podemos denominar de técnicas, podemos agregar outras de cunho mais social. A frequência

---

[8] Nesse raciocínio, temos vários supostos implícitos: o empregador é tomador de preços no mercado de fatores (ou seja, para ele os salários pagos são dados pelo mercado), existe a possibilidade de substituição entre os trabalhadores de diferentes níveis de escolaridade e entre estes distintas intensidades de capital. Relaxar essas hipóteses não chega a alterar de forma radical os argumentos que estamos apresentando.

3. O Corpo Teórico

ao sistema escolar possibilita socializar valores comuns a uma determinada sociedade, induzir a internalização de normas de comportamento, moldar perfis de personalidade que propiciem trabalho em equipe, atenuar condutas que resistam a convivência com diferenças etc., todos elementos que podem ser, no cotidiano, tão cruciais quanto a dimensão técnica na determinação da produtividade.[9]

Obviamente, existe uma série de fatores que podem ter origem na idiossincrasia de cada indivíduo e influenciam tanto os salários quanto o lugar de cada pessoa no processo produtivo, mas que são alheios ao que pode ser acumulado no sistema escolar. Simpatia, capacidade de liderança, iniciativa, beleza etc. podem ser variáveis que serão observadas ao longo da vida ativa, que não estão alheias aos rendimentos, podendo ser aleatoriamente distribuídos e, nesse sentido, não parecem suscetíveis de serem acumulados ou adquiridos de forma intencional e submetidos a um cálculo de racionalidade econômica.[10]

A educação não tem impactos sobre a produtividade, exclusivamente, pela formação dos indivíduos em função das necessidades dos postos de trabalho ou por seu papel na socialização e na formatação de valores e atitudes. Existe consenso que o perfil sanitário de um país tem influências sobre a produtividade do trabalho e sobre a economia em geral, ou seja, as externalidades do investimento em educação (sobre o conceito econômico de externalidade, ver box). Gastos em saúde comprometem recursos que poderiam ser alocados ao consumo ou a outros investimentos que não a educação. Por outra parte, os benefícios das despesas no sistema escolar vão além do aumento direto da produtividade. A educação, por exemplo, condiciona o perfil sanitário de um país (Kenkel, 1991). Uma população que permanece mais tempo no sis-

---

[9] Justamente, nesta funcionalidade do sistema escolar em internalizar aspectos de caráter mais social está a polêmica sobre legalidade ou não da escolarização de crianças e jovens no lar. Em certos países essa prática é proibida (Brasil, por exemplo, onde a educação das crianças é compulsória) enquanto em outros ela é possível (EUA, Inglaterra ou Argentina, por exemplo).

[10] Estamos falando em termos gerais. Logicamente se um indivíduo recorre a uma cirurgia estética para melhorar sua imagem visando retornos econômicos, esse "investimento" pode ser avaliado com os mesmos critérios de um investimento em educação. Podemos apresentar o mesmo raciocínio no caso de cursos nos quais se pretende melhorar a oratória ou desenvolver a capacidade de liderança. Estamos aqui diante de aspectos nos quais a divisão entre qualidades voluntariamente adquiridas, condicionantes socioeconômicos e genéticos é tênue. Voltaremos nestes aspectos no próximo capítulo.

tema escolar permite reduzir a mortalidade infantil (um impacto, mais ou menos, esperado), assim como o perfil epidemiológico dos indivíduos em sua vida adulta. Existem fortes evidências de que a pobreza afeta positivamente o hábito de fumar (Bobak; Jha; Nguyen; Martin, 2000 — por exemplo). Os nexos entre obesidade e nível de educação também são robustos (Devaux; Sassi; Church; Cecchin; Borgonovi, 2011). A educação (ou a falta dela), na medida em que condiciona tanto os rendimentos quanto a capacidade de adquirir e processar informações, acaba pautando estilos de vida prejudiciais à saúde. Existem evidências que a educação tem impacto sobre a esperança de vida: quanto maior a educação, menor a mortalidade (Lleras-Muney, 2005).

As externalidades não estão limitadas à esfera da saúde. Existem evidências de que o número de crimes (especialmente em homicídios, assaltos e roubos de carros) é uma variável que pode ser afetada pela educação (MacMahon, 2000).

Em termos de longo prazo, a literatura que associa educação (via produtividade) a crescimento é ampla e muito específica. Aspecto que nos levará a dedicar um capítulo (Capítulo IV) a esse tema. Porém, há uma externalidade que, por caminhos algo tortuosos, vincula educação a crescimento. Um país com uma população educada é sinônimo de uma ampla classe média, reduzida pobreza etc., que tem como consequência um ambiente político estável e um sistema de governo democrático, aberto e tolerante às diferenças. Essa estabilidade institucional é sinônimo de regras de jogo também estáveis, gerando um ambiente que alavanca o investimento e o crescimento de longo prazo. Assim, uma externalidade da educação no contexto institucional e político de uma sociedade acaba tendo efeitos positivos pautando, no longo prazo, parâmetros macroeconômicos (ver, por exemplo, McMahon, 2000; Barro e Sala-i-Martin, 1995).

Desigualdade e Perfil das Instituições de Ensino no Brasil

O perfil institucional do sistema de ensino no Brasil é muitas vezes assinalado como sendo um reprodutor da hierarquia social, apresentando um viés contrário ao que se espera de um arranjo que induza a igualdade de oportunidades. A dinâmica desse processo seria, mais ou menos, a seguinte:

3. O Corpo Teórico

> - As escolas de ensinos fundamental e médio públicas seriam de qualidade duvidosa, sendo que os conhecimentos nelas acumulados não facilitariam o acesso ao sistema de ensino superior público e gratuito. Esse aspecto qualitativo limitaria as chances de ingresso nas universidades estatais. Contornar essa limitação requer uma renda familiar mínima, o que tornaria os estabelecimentos de ensino superior elitistas. Esse funil (representado pelo vestibular ou agora pelo ENEM) desloca a demanda de ensino superior nas famílias de baixos rendimentos para o setor privado que, além de ser pago, apresenta um patamar de qualidade inferior ao público.
>
> - Uma sequência contrária se observaria nas famílias com capacidade de pagamento. Os filhos concorreriam a estabelecimentos privados de qualidade no ensino fundamental e médio, sendo formados com uma densidade analítica que lhes permitiria transitar no vestibular/ENEM e ascender a uma universidade pública gratuita e de qualidade.
>
> Este tipo de diagnóstico fundamentaria as políticas de discriminação positiva e cotas sociais. Avaliar os custos, benefícios e desdobramentos em termos de direitos e igualdade dessas iniciativas estão fora de nosso escopo neste livro.

3.2. O Processo de Decisão na Acumulação de Educação

Para a TCH, em cada momento do tempo um indivíduo está diante de uma decisão: estudar ou não. Em caso de não estudar ele calculará o valor presente do fluxo futuro de rendimentos. Caso estude, ele estimará os custos (subjetivos e financeiros) e calculará o valor presente do fluxo futuro de rendimentos. Comparará os dois fluxos e escolherá a alternativa com maior valor presente.

Vamos ilustrar esse processo mediante um exemplo que contém certa dose de realismo. Imaginemos um jovem de mais ou menos 18 anos que finalizou o ensino médio.

Ele tem de decidir se vai ingressar em algum curso superior, ir diretamente ao mercado de trabalho ou tentar combinar trabalho e estudo.[11] No caso de ficar restrito ao ensino médio, terá um fluxo

---

[11] Estamos supondo, obviamente, que ele está diante dessas três alternativas. Caso não possa se dedicar exclusivamente aos estudos, devido à necessidade de complementar o orçamento familiar, o cenário se reduz a duas possibilidades.

de rendimentos dado pela média do salário de um trabalhador com ensino médio completo, que poderá se elevar no futuro em função da experiência que ele adquira em sua vida profissional.[12] Ele terá um período de transição entre o ensino que acabou de finalizar e a consolidação de sua vida no mercado de trabalho, transição que se singulariza por um elevado desemprego.[13] Em outros termos: não será fácil encontrar um emprego que o satisfaça de forma imediata e o futuro próximo pode apresentar períodos de desemprego que devem ser contabilizados (ou seja, períodos nos quais o rendimento será zero ou, no caso de ter direito a um seguro-desemprego, esse valor deverá ser considerado no fluxo). Por outra parte, o indivíduo, no processo de avaliação, necessitará fazer algum tipo de projeção de futuro: tendo unicamente um diploma de ensino médio, poderá ascender a postos de trabalho que permitam ganhos futuros? Quais serão as chances de desemprego e de retornar à condição de empregado na vida adulta? Os salários dos trabalhadores com ensino médio terão maior valorização e demanda no futuro ou sofrerão a concorrência de indivíduos com maior educação formal? Poderíamos nos estender nas perguntas, mas essas dão ideia das questões que teriam de ser colocadas no processo de decisão.

Esse cenário deverá ser comparado à possibilidade de continuar seus estudos. Nesse caso, enfrenta diversas questões: Que curso escolher? Quais são suas habilidades naturais e gostos?[14] Optará por uma universidade mais exigente, que pode requerer mais tempo de estudo para o ingresso ou uma universidade com menos requisitos? Em que medida a opção de uma universidade mais exigente pode redundar em maiores rendimentos futuros no mercado de trabalho e/ou menores chances de cair no desemprego? Da mesma forma que as opções que colocamos no parágrafo anterior, as questões que podemos levantar

---

[12] Voltaremos as habilidades que vão sendo acumuladas na vida ativa na Seção 4 deste capítulo.

[13] Essa transição tem alto custo, individual e social, manifestando-se em elevadas taxas de desemprego entre jovens que acabam de finalizar um ciclo escolar. Existe ampla literatura internacional que estuda essa transição (conhecida como *school-to-work transition*) e propõe medidas para paliar os custos.

[14] As habilidades naturais e os gostos influenciarão nos custos subjetivos dos estudos e poderão chegar a comprometer ou não a sua finalização.

são muitas, mas as expostas servem de exemplo do tipo de dilemas a serem enfrentados.

Na estimação desse cenário futuro, a dose de incerteza é grande (poderíamos dizer que imensa), uma vez que estamos lidando com um horizonte temporal que pode chegar a quase cinquenta anos. Em termos de aplicabilidade, que corolários poderíamos identificar a partir da consciência dessa imprevisibilidade? Poderíamos mencionar várias. Por exemplo, no processo de escolha, um jovem deveria optar por aquela formação que outorgue a maior flexibilidade possível no futuro, de tal forma que, diante de choques não previsíveis (por exemplo, um choque tecnológico que reduza a demanda por sua formação), ele possa alterar seu perfil profissional sem incorrer em custos que tornem essa mudança inviável.

Nos próximos parágrafos, nos dedicaremos a detalhar essas particularidades do processo de investimento em educação, desde a perspectiva individual ou familiar ou desde um olhar de toda a sociedade.

3.3. A Educação como Poupança e Investimento

a) O indivíduo como um espaço de investimento em si próprio ou os problemas dos investimentos nos seres humanos

Olhar a educação como um "bem" que pode estar sujeito a cálculos econômicos (custos e benefícios) pode não ser tarefa trivial. Primeiro não é trivial porque não é um bem tangível (não é uma máquina, um computador). Outros bens não tangíveis podem merecer tratamento econômico sem introduzir maiores questionamentos. Por exemplo, um software, o direito autoral sobre uma música, o design etc. são bens intangíveis sobre os quais podem ser realizados cálculos econômicos. A forma de estabelecer um preço, sua forma de comercialização, os direitos que envolvem transações podem ser bem mais complexos que a compra e venda de um carro, por exemplo, mas com instituições bem desenhadas é possível haver regulação.

Enxergar a educação como um bem econômico não é uma tarefa trivial porque ela está indissoluvelmente ligada a um indivíduo, a um ser humano. Hoje (felizmente) a etapa histórica na qual seres humanos podiam ser comprados e vendidos está superada. Nesse sentido, uma pessoa só pode fazer um investimento em educação nela mesma, uma vez que fazer um investimento em outra pessoa seria similar a comprar um trator e outorgar a propriedade a outrem.[15] Esse indissolúvel vínculo entre o que se denomina de capital humano e o ser humano introduz sérios desdobramentos que trataremos no transcurso dos próximos parágrafos. Por exemplo, é racional um empregador investir em seus assalariados se eles podem deixar a empresa levando o investimento realizado? Se um estagiário vai se beneficiar (acumulando conhecimentos e credenciais) mais que contribuir com a produção em um estabelecimento, não seria lógico ele pagar pelo estágio no lugar de ser pago? Estes problemas devem ser colocados na perspectiva individual ou privada. Quando deslocamos nosso olhar do indivíduo ou do empregador para a sociedade, parte dessas dificuldades se dissipam, uma vez que desde a perspectiva coletiva a comunidade pode assumir seus membros como permanentes e fazer um paralelo entre investir em uma estrada, por exemplo, ou destinar esses recursos a aperfeiçoar seus recursos humanos.[16]

Desde a perspectiva do indivíduo, podemos remitir à constatação já insinuada por A. Smith há dois séculos: a educação tem custos. Os custos para o indivíduo podem ser de diversas ordens. O mais óbvio é o custo no caso de ter de pagar por frequentar um estabelecimento escolar. Mesmo que a educação seja gratuita, educar-se tem custos, sejam subjetivos (o empenho nos estudos além do esforço em assistir aulas) sejam financeiros (compra de material escolar, gastos com transporte etc.). Não podemos esquecer o custo de oportunidade (ver box): o que deixamos de fazer para alocar nosso tempo à educação? Caso a oferta de educação seja gratuita, os custos para a sociedade serão superiores aos custos do indivíduo ou família (sobre este ponto voltaremos nos próximos parágrafos).

---

[15] Logicamente, estamos restringindo nossa análise a uma perspectiva econômica. Um pai pode "investir" na educação de um filho, um sobrinho etc. ou mesmo em um amigo ou fazer caridade a um estabelecimento, conduta muito frequente no financiamento da educação em certos países (EUA, por exemplo).

[16] Mas mesmo desde a perspectiva da coletividade a discussão não é banal. Por exemplo, um país ou um município vai investir na formação de um indivíduo se o mesmo pode migrar levando consigo o "investimento" realizado? Nesse sentido podem ser avaliadas as tentativas (de duvidosa legalidade) de obrigar aos beneficiários de bolsas de um país no exterior a retornar e trabalhar por determinado período. Essa seria uma forma de "amortizar", ainda que parcialmente, o investimento já concretizado.

3. O Corpo Teórico

A pergunta mais ou menos óbvia é: por que um indivíduo haveria de incorrer nesses custos? Duas respostas são possíveis.

A primeira diz respeito a benefícios não econômicos. Por exemplo, um indivíduo pode frequentar cursos ou estabelecimentos para acumular conhecimentos e habilidades que lhe possibilitem ampliar sua capacidade de apreciar determinado consumo. Nesse sentido, simplesmente a título ilustrativo, podemos imaginar um público frequentando um curso (pago) de degustação de vinhos a fim de apreciar melhor essa bebida. Outra possibilidade consiste em consumir educação para elevar seu "status social". Em todos os casos a educação é assumida como um consumo, um serviço apreciado em si mesmo, não em suas consequências sobre futuros ganhos econômicos.[17]

A outra perspectiva reduz a demanda por educação ao usual prisma econômico da relação poupança–investimento, perspectiva que concentrará nossa atenção a seguir.

b) A educação como poupança

Um indivíduo (ou um país) aloca recursos em educação visando retornos financeiros futuros. Mas essa alocação de recursos no presente nada mais é que poupança. Devemos entender a poupança como uma atitude ou comportamento que se resume ao abrir mão do consumo presente. A educação representa, em quase todos os aspectos, a dispensa do consumo no tempo presente. No caso de a educação ser paga pelo indivíduo, associar as despesas financeiras a uma poupança é mais ou menos direta, uma vez que poderíamos direcionar essa parte de nosso orçamento doméstico ao consumo. Ou seja, abrimos mão do consumo hoje para ter retornos financeiros no futuro, sendo essa a definição de poupança. Outros custos (deslocamento para frequentar o estabelecimento escolar, livros, material etc.) devem ser compreendidos sob o mesmo olhar: gastos hoje que poderíamos direcionar ao consumo ou

---

[17] No caso do exemplo que apresentamos, também pode ser realizada uma leitura em termos econômicos. Frequentar um curso de degustação pode ser útil para realizações no âmbito profissional (evidenciar certos gostos ou tipos de convivência social pode ser útil ou mesmo um pré-requisito em certos postos de trabalho) ou uma forma de estabelecer redes de contato com possíveis benefícios no mercado de trabalho. Voltaremos a estes aspectos no próximo capítulo.

algum investimento (ações, por exemplo). Mas também temos os custos subjetivos que são uma forma de renunciar ao consumo presente. Imaginemos que ficamos um domingo estudando para uma prova. Na realidade, poderíamos dedicar o tempo desse dia a passear, nos reunir com amigos, sair com a namorada etc. e abrimos mão dessas possibilidades (que podem ser aproximadas a um consumo do qual desistimos no presente) vislumbrando retornos futuros. No caso de um país, a análise é similar. Um recurso público, quando destinado à educação, representa abrir mão de consumo (elevar a aposentadorias, por exemplo) ou um outro investimento (estradas, portos etc.) que só se justifica caso se vislumbrem retornos futuros. Definitivamente, recursos, tempo e esforço aos quais consagrados à educação podem (e poderíamos afirmar que até devem) ser assemelhados a uma poupança.

c) A educação como investimento

Mas por que a educação seria um investimento? Lembremos que investimento é sinônimo de ampliar a capacidade de produção ou, em outros termos, são os recursos humanos e materiais destinados a expandir a capacidade de oferta de bens e serviços no futuro. O destino desses recursos podem ser projetos em infraestrutura (pontes, portos, estradas etc.), fábricas ou recursos humanos. O investimento em pessoas significa ampliar sua produtividade ou, desde outra perspectiva, em aprimorar, no posto de trabalho, sua capacidade de gerar bens e serviços. Ou seja, se a educação eleva a produtividade, ela aumenta a capacidade de um indivíduo de produzir bens e serviços em determinado espaço de tempo. Nesse sentido, os recursos direcionados à educação em nada diferem dos fundos consagrados a ampliar aspectos físicos como pontes ou estradas. Em todos os casos, as despesas direcionadas a esses fins podem ser classificadas como investimento.

Logicamente, o capital humano tem singularidades que o diferenciam do capital físico. Por exemplo, como já salientamos, o capital humano está indissoluvelmente ligado a uma pessoa. Nesse sentido, tendo poupança e existindo instituições (como mercado de capitais), um indivíduo pode investir em empreendimentos físicos, mas não pode investir em seres humanos. É factível que existam instituições com linhas de

3. O Corpo Teórico

financiamento de estudos (como no caso do Chile, da Índia ou mesmo do Brasil com o FIES — Fundo de Financiamento Estudantil), mas as garantias são complexas e, em todo caso, ninguém pode ser dono de uma parte do capital humano de um indivíduo.

Concluímos, assim, que a educação pode merecer um olhar bem próximo ao que corriqueiramente se outorga ao processo de poupança-investimento. É uma poupança uma vez que o indivíduo e a sociedade devem abrir mão de consumo presente visando retornos futuros. Por outro lado, pode ser assemelhado a um investimento na medida em que amplia a capacidade de produção (via produtividade) do indivíduo o qual recebe essa educação e da economia como um todo.[18]

O processo de poupança-investimento, por sua própria natureza, lida com o futuro e, por definição, futuro é sinônimo de complexidade e incerteza. Nos próximos parágrafos, vamos explorar as particularidades da educação no tocante a esse futuro incerto e em que medida essas peculiaridades afetam as decisões de acumular ou não mais anos de estudo.

O Conceito Econômico de Externalidade

Nas ações tomadas por um indivíduo ou uma empresa existem efeitos (positivos e negativos) que transcendem a eles próprios. Essas sequelas não são consideradas nos cálculos dos tomadores de decisão, uma vez que não têm custos (seja para os indivíduos ou para as empresas que geraram a externalidade) e/ou os benefícios não os atingem. Um indivíduo pode elevar sua educação e melhorar seus hábitos de higiene. Ao aprimorar suas práticas, acaba não unicamente se beneficiando, senão também, melhorando seu entorno. Uma empresa, treinando seus assalariados, pode tirar lucro dessa iniciativa e, de mesmo modo, afetar positivamente outras firmas, caso contratem um trabalhador que foi formado por ela. Se um indivíduo acumula mais educação, pode elevar sua produtividade e essa maior eficiência pode acelerar o crescimento de um país, acabando por afetar positivamente o conjunto da população. Todos são exemplos de externalidades positivas, uma vez que os benefícios de uma ação acabam extrapolando para o ambiente.

Igualmente, existem externalidades negativas. Um exemplo pode ser o comportamento de um aluno displicente em sala de aula. Essa conduta compromete tanto o seu desempenho quanto a performance de seus colegas.

---

[18] Não devemos esquecer de incluir nesses retornos futuros as externalidades, por exemplo: menores custos com saúde, acidentes de trânsito, violência etc.

Em princípio, se avaliamos economicamente a educação, ficar restrito aos retornos futuros não serve de parâmetro para a tomada de decisões. Esses retornos têm de ser comparados com os custos, princípio básico de qualquer avaliação de projetos de investimento. Esses custos podem ser os gastos propriamente ditos, os custos subjetivos (aí podemos incluir os gostos), os individuais, porém objetivos (a rapidez em apreender, por exemplo) e o custo de oportunidade (ver box). Esse conjunto de custos deve ser comparado com o retorno financeiro. Ou seja, se assumimos que um indivíduo tem uma racionalidade exclusivamente econômica, em cada momento do tempo, o mesmo estará diante do seguinte dilema: vou acumular mais educação? Em termos temporais, podemos ilustrar esse dilema da seguinte forma: vou continuar estudando um ano a mais? A pessoa vai comparar a situação no caso de não estudar com a que teria no caso de ganhar um ano a mais de escolaridade.[19]

d) A incerteza do futuro e a tomada de decisões na educação

> ### O Conceito de Custo de Oportunidade
>
> O Custo de Oportunidade pode ser assemelhado a um "custo de renúncia", ou seja, a perda em bem-estar ou bens e serviços à qual incorremos ao tomar uma decisão. Assim, mesmo se um curso é inteiramente gratuito e somos compensados por outros custos (transporte, material escolar etc.), individualmente temos um custo em frequentá-lo, uma vez que estamos abrindo mão de outra atividade que nos pode dar prazer (passear, praticar esporte etc.) ou estamos renunciando a um rendimento que poderíamos obter em alguma ocupação. No caso dos recursos públicos, quando os mesmos são direcionados a uma atividade (educação, por exemplo), o custo dessa escolha é o rendimento ou benefício do qual abrimos mão ao destinar orçamento para esse fim.

Mas realizar a avaliação que sintetizamos no parágrafo anterior nos leva a um segundo aspecto da complexidade da avaliação. Alguns dos custos serão concretizados hoje ou no futuro próximo. No entanto, a maioria dos benefícios será em um futuro mais longínquo, e mesmo no futuro muito distante, uma decisão de um jovem de 16 anos, sobre

---
[19] Estamos colocando a questão em termos do sistema escolar regular, mas podemos imaginar muitas outras possibilidades. Por exemplo, vou fazer um curso de inglês? Ou já tendo feito um curso de inglês, vou continuar me aperfeiçoando?

3. O Corpo Teórico

continuar os estudos ou não, terá, muito provavelmente, efeitos até sua saída da vida ativa (em torno dos 65 anos) ou mesmo depois (sua aposentadoria pode depender dessa decisão). Na medida em que estamos lidando com o futuro, estamos trafegando na incerteza. Incerteza sobre todos os aspectos que influenciam a decisão, desde os estritamente econômicos (sobre os quais voltaremos no próximo parágrafo), como sobre os subjetivos (meus gostos, preferências e prioridades em dez ou vinte anos serão os mesmos de hoje?).

A essa incerteza estreitamente associada à alteração das subjetividades e dos gostos ao longo da vida, devemos agregar incertezas que surgem da variabilidade dos salários para um dado nível de estudos. Em realidade, é factível atribuir um acréscimo "médio" a um determinado nível de estudo ou diploma, tanto pesquisas empíricas quanto a própria "sabedoria popular" pretendem estimar essa relação. Ocorre que essa média pode ocultar (em realidade, oculta de fato) uma grande dispersão em torno dela (ver, por exemplo, Carneiro; Hansen; Heckman, 2003). Essa dispersão de rendimentos para um dado nível de escolaridade eleva o risco no momento de tomar as decisões de estudo. Um indivíduo vai tomar a média como referência para obter (no futuro), mais ou menos, essa média. Quanto maior for a variabilidade em torno da média (ou, em outros termos, quanto menos representativa for a média dos valores reais), maior será a incerteza.

Dessa forma, concluímos que o risco no momento de realizar projeções relevantes sobre a quantidade e qualidade da educação que um indivíduo vai adquirir (quanto vai investir, que curso escolher, que escola frequentar etc.) implica em riscos, quer sejam estes alimentados por um horizonte temporal muito dilatado, quer sejam oriundos da variabilidade dos rendimentos que podem ser observados hoje. Em todo processo de investimento, o risco tende a reduzir os recursos aplicados. Nesse sentido, as decisões individuais podem levar a um subinvestimento em educação, tornando o montante de capital humano acumulado aquém do desejável desde a perspectiva da sociedade. Em outros termos, o ótimo, a partir de um ângulo individual, pode não coincidir com o conveniente desde a ótica da sociedade.

Por último, a incerteza pode girar, também, em torno dos cenários futuros que pautarão a decisão individual presente. Uma pessoa pode ter uma preferência ou habilidade natural hoje e, ao articular essas singularidades individuais com o ambiente econômico, toma sua decisão. Mas será que o futuro (em termos do ambiente) é uma reprodução do presente? Com certeza, não. Vamos ilustrar o exemplo com uma situação plausível atualmente no Brasil. Assumamos que um indivíduo jovem tem certa habilidade natural pelo cálculo, matemática etc. e uma preferência pelos desafios profissionais em grandes usinas hidroelétricas. Ao encontro desse perfil individual, assumamos que a demanda por engenheiros com essa especificidade técnica seja bem dinâmica por conta das obras em andamento na região amazônica. Com esses dados, o nosso jovem toma a decisão de alocar esforços e recursos financeiros para sua formação. Mas será que essa demanda permanecerá nos próximos quarenta anos? As restrições ambientais não podem estabelecer limites à expansão das hidroelétricas na região amazônica? Mesmo sem essas restrições, no prazo de uma ou duas décadas, a identificação de construção não pode ter se esgotado? Esse cenário não pode reduzir os ganhos salariais que os engenheiros têm hoje com essa especialidade ou mesmo produzir desemprego entre eles? Caso esse quadro se concretize, a pergunta que cabe colocar seria: terá sido interessante o investimento realizado?[20]

e) O valor do tempo no processo de acumulação de CH[21]

Por último, um elemento que determina em que medida o investimento em educação é viável diz respeito ao valor dado ao tempo (a preferência pelo presente) pelo indivíduo ou pela família.[22] Já mencionamos que, como todo investimento, a educação tem um horizonte de maturação de longo prazo. Os retornos econômicos da alfabetização de uma criança só vão se cristalizar em recompensas financeiras quando ela ingressar no mercado de trabalho. Um casal pode investir em uma boa creche para

---

[20] Em realidade, o cenário individual vai depender da flexibilidade do indivíduo em termos profissionais, que dependerá do tipo de capital humano acumulado. Voltaremos sobre este ponto no próximo capítulo.

[21] Ao leitor pouco familiarizado com o conceito do Valor Presente, recomendamos ler o anexo que acompanha este capítulo antes de ler esta seção.

[22] Estamos incluindo também a família em nossa análise, na medida em que em muitas ocasiões as decisões sobre educação não são tomadas pelo indivíduos, mas pelo grupo familiar.

3. O Corpo Teórico

seu filho, visando preparar essa criança para uma excelente trajetória no sistema escolar, que pode finalizar em seu doutorado, vinte anos depois. Assim, na educação, como em todo investimento, a variável tempo é crucial e o valor que lhe outorguemos será determinante na viabilidade ou não de um investimento. Quanto mais apreciado for o presente com respeito ao futuro, menor será o valor outorgado aos ganhos vindouros. Essa diferenciação na valoração econômica do futuro pode ser uma singularidade, produto da idiossincrasia de um indivíduo. Sobre este aspecto, a economia não tem considerações a fazer. As preferências de cada indivíduo são dadas (exógenas, no jargão econômico). Contudo, a valorização do tempo não está ancorada, exclusivamente, nas peculiaridades de cada pessoa, senão também depende do nível de renda do grupo familiar. Quanto mais pobre uma família ou indivíduo, maior será a preferência pelo presente. Vamos ilustrar essa situação com um exemplo. Suponhamos uma família extremamente pobre, que pode até ser consciente que a escolarização de seus filhos é um recurso factível para propiciar a saída da pobreza. Porém, os imperativos imediatos de sobrevivência a obrigam a enviar crianças e adolescentes ao mercado de trabalho, comprometendo a quantidade e/ou qualidade de seus estudos. Ou seja, sua preferência pelo presente não tem como raiz gostos ou idiossincrasias da personalidade, são alimentadas pela própria situação socioeconômica.[23] Contrariamente, uma família de elevada renda pode direcionar recursos para a educação de seus filhos desde muito pequenos, na perspectiva de eles frequentarem boas universidades em um horizonte de um quarto de século depois. Na medida em que suas restrições financeiras estão folgadas, podem se permitir valorar resultados que só se concretizarão dentro de décadas. Concluímos, assim, que o potencial investimento realizado em educação será ou não viável (os benefícios superarão os custos em termos de valor presente) em função da taxa de preferência intertemporal (ou seja, do valor outorgado ao presente) que, por sua vez, tem uma estreita relação com o ambiente socioeconômico.

f) Por que algumas pessoas estudam e outras não?

Temos agora um conjunto de variáveis (gostos, rendimentos futuros, custos financeiros, custos subjetivos, incerteza, valor do tempo,

---
[23] Veremos, no próximo capítulo, que essa dinâmica gera o círculo vicioso da pobreza.

perspectivas de ganhos futuros etc.) as quais nos permitem responder a diversas questões. Por exemplo, por que certas pessoas estudam e outras não? Tudo vai depender do peso de cada variável. Um jovem com notória capacidade de aprendizagem provavelmente terá um nível de educação mais elevado porque o custo de estudar (por exemplo, o período destinado aos estudos e retirado de atividades de lazer) será menor quando comparado a outro indivíduo com menor capacidade de aprendizagem.

As restrições financeiras de uma família influenciam a quantidade (e qualidade) do capital humano dos jovens de diversas formas. O valor outorgado ao tempo (a preferência intertemporal), como já mencionamos, será essencial na opção entre estudar ou não, assim como a existência de um mercado de crédito. Se os estudos podem ser assemelhados a um investimento e sabemos que a maior parte deles se concretiza mediante financiamento, podemos imaginar linhas de crédito patrocinando "projetos de investimento" (estudos). A única restrição deveria ser o nível de retornos da educação, que deveriam ser superiores à taxa de juros cobradas pelos empréstimos. Teoricamente, essa possibilidade deveria ser generalizada e permitir que todo indivíduo com gostos e capacidade para uma determinada profissão conseguisse financiar um curso, independentemente do ambiente socioeconômico de origem. Na prática, essa possibilidade está limitada a poucos países (EUA, Índia etc.). Problemas vinculados a garantias, risco financeiro futuro, pagamentos em períodos de crises (desemprego), expectativas não concretizadas, migração etc. tornam o mercado financeiro para estudos pouco generalizado.[24]

O marco conceitual do desenvolvimento nos permite, também, interpretar muitos dos fatos que corriqueiramente observamos. Por exemplo: por que os jovens estudam com maior frequência que os adultos? A resposta seria relativamente simples. Um adulto poderá gozar de maior

---

[24] O Chile ensaiou uma experiência nesse sentido e hoje a educação paga está mergulhada em uma forte crise. No caso do Brasil, o FIES pode assemelhar-se a esse cenário de demanda de educação via financiamento. Neste caso, o financiamento é público (Fundo Nacional de Desenvolvimento da Educação — FNDE) e não se pode fazer um paralelo com um mercado de capitais financiando investimento privado.

salário (produto de maior estudo) por menos tempo que um jovem. Por outra parte, assumindo que a capacidade de aprendizagem vai se deteriorando a partir de certa idade, os custos de aprendizagem serão maiores. Dessa forma, a relação custo/benefício torna mais plausível o estudo entre a população jovem que na adulta.[25]

g) Retornos privados e sociais

Na avaliação das decisões de investimento, a melhor escolha desde o ponto de vista dos indivíduos ou das famílias não coincide, necessariamente, com o desejável desde a perspectiva da sociedade como um todo. As escolhas dos indivíduos/famílias comparam os benefícios e custos que eles auferirão no futuro, que não forçosamente correspondem aos benefícios e custos para a sociedade. Tomemos o caso de um indivíduo que frequente um estabelecimento público e gratuito. Nesse caso, ao avaliar a relação custo/benefício para tomar sua decisão de se escolarizar ou não, os desembolsos requeridos para o funcionamento do estabelecimento não serão considerados. Nesse caso, a educação pode ter um retorno privado superior ao retorno social. Na mesma linha do exemplo anterior, mas invertendo o viés do resultado, podemos imaginar benefícios que tendem a não ser considerados pelos indivíduos/famílias, mas são perceptíveis para algum membro da sociedade. Por exemplo, a educação de um indivíduo pode propiciar condutas de higiene e hábitos no tocante à saúde que acabam prevenindo o surgimento ou disseminação de doenças ou epidemias, e terminam demandando menos recursos públicos a área da saúde (além de menos sofrimento, desconforto etc. entre seus concidadãos). Logicamente, na estimação da relação custo/benefício de um indivíduo, essas externalidades não são incluídas (ver box).

Em termos privados (o indivíduo ou a família), estimar o retorno não é trivial, uma vez que, como já mencionamos, requer estimativas de custos presentes e ganhos (aumentos salariais, por exemplo) e cus-

---

[25] Obviamente, não estamos considerando outro tipo de restrições usuais na população adulta (compromissos familiares, por exemplo) que aprofundam esse desincentivo para iniciar estudos.

tos futuros (probabilidade de cair no desemprego, por exemplo). Essa dificuldade cresce de forma exponencial no caso de a educação ser avaliada em termos sociais, uma vez que deveria ser contabilizado um enorme leque de impactos (queda nas taxas de natalidade, reduções na mortalidade infantil, ganhos em qualidade de vida, avanços na expectativa de vida, diminuições na incidência de crimes etc.), devendo esses impactos serem monetizados (ser traduzidos em magnitudes monetárias para permitir uma agregação entre eles).[26]

Em geral, os economistas tendem a calcular os retornos em função, exclusivamente, das variáveis que podem ser monetizadas. Essa alternativa não seria um viés da própria profissão, senão uma dificuldade mais ou menos natural, dado que não se podem agregar dimensões se não existe uma unidade de conta que as torne comparáveis. Por exemplo, como quantificar a seguinte situação: maior educação redunda em maior autoestima, autonomia e participação política das mulheres. Esse seria um progresso em termos sociais que, dificilmente, pode ser reduzido a uma escala monetária. Nessa linha (só considerando os custos e benefícios monetários da educação), existem elementos sugerindo que os retornos sociais são inferiores aos retornos privados. Essa diferenciação se nutre, basicamente, da não consideração dos gastos públicos nas estimações que cada indivíduo faz. De qualquer forma, seria prudente ser muito cauteloso nesses cálculos, uma vez que as externalidades (aumento da qualidade de vida, elevação da expectativa da mesma, queda da mortalidade infantil, maior participação política etc.) são tantas e sua monetização tão parcial que, estimar retornos sociais pode ser assemelhado a divulgar conjecturas.

h) A depreciação do capital humano

Que existe depreciação do capital físico é tão evidente que não incita maiores reflexões teóricas. Mas as especificidades do CH (por exemplo, estar indissoluvelmente ligado à pessoa) conduzem à mesma constata-

---

[26] Ver, por exemplo, Summers (1992) que, no caso, contempla os múltiplos benefícios que a educação das mulheres (especialmente das crianças e jovens) pode proporcionar a um país.

3. O Corpo Teórico

ção? A resposta é afirmativa, mas com certas nuances. Um indivíduo pode ter adquirido um determinado conhecimento ou habilidade, cuja não utilização leva a sua perda. Essa paulatina deterioração no transcurso do tempo é ilustrativa no caso de um idioma. A falta da prática cotidiana leva à perda de domínio. Mas o exemplo poderia também ser o uso da matemática: um adulto que não lida com atividades docentes na área dificilmente lembrará o Teorema de Pitágoras estudado com detalhe na juventude. Assim, existe uma diferença entre o capital físico e o CH. Enquanto o primeiro acentua a deterioração com um maior uso, no caso do CH sua degradação tem como raiz a não utilização. Podemos mencionar também um fator biológico que, inexoravelmente, vai reduzindo capacidade cognitiva, desempenho físico etc. a partir de certa faixa etária.

Mas essa deterioração tem alguma relevância em termos econômicos? A resposta é afirmativa. Vamos ilustrar essa importância estudando o caso dos desempregados. Quando uma pessoa fica sem emprego, à medida que não está utilizando seu CH (seja o que foi adquirido no sistema escolar, seja o adquirido em cursos ou mesmo em sua vida ativa, e sobre este ponto voltaremos na próxima seção), o mesmo começa a deteriorar-se, vai paulatinamente perdendo suas habilidades, proficiências etc. Na medida em que passa o tempo na condição de desocupado, esse processo se aprofunda. Assumamos que o CH condiciona as possibilidades de um desocupado ser contratado (ou seja, condiciona as chances de reverter sua situação). Nesse caso, à proporção que o tempo transcorre, as possibilidades de voltar a se inserir como ocupado caem ainda mais. Em outros termos: quanto maior o tempo na condição de desempregado, maior a deterioração de seu CH e maior a possibilidade de reproduzir a situação no próximo período. À pergunta "Por que o indivíduo está desempregado hoje?", a resposta é: "Porque estava desempregado ontem". Na literatura econômica, essa dinâmica é denominada de *hysteresis*. Romper esse círculo vicioso (gerado pela "desacumulação de CH") requer um processo de formação permanente durante o desemprego, que pode ser obtido por meio de políticas públicas as quais associem cursos de qualificação profissional ao seguro-desemprego, por exemplo. Quando o desemprego atinge amplas faixas da força de trabalho de um país, como é o caso das nações do sul da Europa nesta década, não é um indivíduo, mas um país que pode estar perdendo CH, perda que limitará as possibilidades de crescimento futuro.

4. Classificação do Capital Humano e suas Fontes

4.1. Capital Humano Geral e Capital Humano Específico

Dos parágrafos anteriores o leitor poderá ter percebido que a dimensão chave que dá origem a todo o processo o qual acaba em categorias econômicas (especialmente emprego e rendimentos) pareceria ser o sistema escolar. Ele seria o ambiente no qual um indivíduo acumula conhecimentos, habilidades, proficiência etc. que mais tarde serão valorados financeiramente no mercado.

Contudo, não obstante a predominância que o sistema escolar pode ter na configuração de um indivíduo como "fator produtivo", o mesmo não esgota as raízes dessa formação e, talvez, possa até não ser o mais relevante. Lembremos que estamos partindo da suposição do forte nexo entre produtividade e remuneração, sendo a produtividade determinada pelo capital humano de um indivíduo. Já mencionamos que os dados induzem a pensar que os anos de estudo têm influência na produtividade, uma vez que as evidências entre escolaridade e rendimentos do trabalho são extremamente robustas (ver o Gráfico 1 deste capítulo para o caso do Brasil). Contudo, como pode ser visualizado no Gráfico 2, outra relação parece também evidente: quanto maior a idade, maiores serão os rendimentos de um trabalhador.

4. Classificação do Capital Humano e suas Fontes

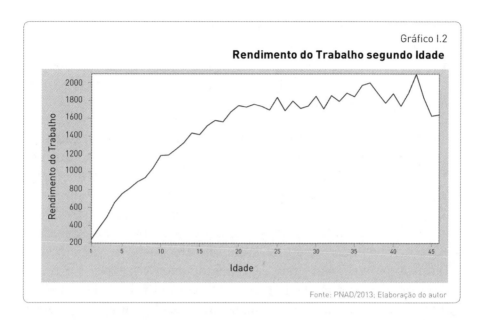

Gráfico I.2
Rendimento do Trabalho segundo Idade

Fonte: PNAD/2013; Elaboração do autor

A pergunta que podemos colocar é: se a produtividade é a principal variável explicativa dos rendimentos, na medida em que transcorre a vida profissional de um indivíduo, por que razões sua produtividade aumentaria? A resposta direciona nossos olhares aos ganhos nas habilidades, proficiência etc. que podem ser adquiridas no próprio processo de trabalho.[27] Na literatura, esse acervo de novas competências recebe o nome de *on-the-job training*, que, em tradução livre, poderíamos denominar de treinamento que o próprio processo de trabalho propicia.

O sistema escolar permite adquirir o que se denomina de Capital Humano Geral (CHG). Nesta classificação, poderíamos incluir todos os conhecimentos e habilidades que são de uso comum em quase todas as atividades, sejam elas econômicas ou não. Poderíamos incluir dentro de CHG a leitura, a escrita, o domínio das operações elementares simples, interpretação de textos básicos, raciocínio abstrato etc. Esse conjunto de atributos individuais, com maior ou menor sofisticação e extensão, segundo o nível de escolaridade, tem ampla gama de aplicações e pode ser um pré-requisito para acumular competências no próprio emprego.

---

[27] O transcurso dos anos pode extravasar em outros ganhos que são valorizados economicamente, como estabilidade emocional, capacidade de trabalho em equipe etc.

É na vida profissional, justamente, no dia a dia das tarefas desenvolvidas no emprego ou em cursos específicos, que vão sendo acumulados um perfil de habilidades e domínios ligados a tarefas ou postos de trabalho específicos. A este tipo a formação é dado o nome de Capital Humano Específico (CHE).

Em princípio, pareceria existir certa dicotomia ou segmentação bem nítidas entre o CHG e o CHE. Na realidade, não é isso que ocorre. Muitos conhecimentos e habilidades que tenham algum grau de generalidade, adquiridos no emprego, podem ser utilizados em outros postos de trabalho ocupados. O que existe, em realidade, são diferentes graus de generalidade e especificidade. Só um conhecimento que exclusivamente pode ser aproveitado em um posto de trabalho e em nenhum outro teria um grau de especificidade extremo. Na prática, são poucos os casos. A segmentação radical entre o CHG e o CHE é analítica, uma vez que sua distinção tem desdobramentos sobre estratégias individuais e de política pública, aspectos que passaremos a abordar nos parágrafos seguintes.

Já tratamos com certo detalhe os vínculos entre o aumento nas capacidades cognitivas, proficiências, habilidades etc. e os retornos financeiros futuros. Na medida em que eleva a produtividade, qualquer acréscimo na capacidade cognitiva, proficiências etc. pode ser proveitoso para as pessoas e para a sociedade investir na educação e, nesse sentido, merece ser avaliado. Mas, o aperfeiçoamento educacional eleva a produtividade, não seria interessante para os empregadores investirem na educação de seus assalariados? O investimento que neles façam não vai transbordar em maior produtividade, que vai acabar por beneficiar assalariado e empregador?

A resposta pode ser afirmativa, mas devemos ser cautelosos nas generalizações. Se, seguindo a pioneira afirmação de A. Smith, o investimento em educação pode ter um paralelo com o investimento em uma máquina, a diferença, que é crucial, está na propriedade dessas melhoras, um aspecto que já mencionamos. O investimento em educação é, essencialmente, um investimento em seres humano e, uma vez que a escravidão está hoje (felizmente) confinada à história, cada indivíduo é o proprietário desse capital acumulado em si próprio. Assim,

4. Classificação do Capital Humano e suas Fontes

no caso de um empresário investir na formação de seus empregados, a propriedade desse investimento será destes últimos e não de quem realizou o investimento. No caso de abandonar o posto de trabalho, eles levarão consigo o investimento. Já mencionamos esses aspectos, mas agora vamos vinculá-los à diferenciação entre CHG e CHE. Nesse sentido, o empregador tenderá a não investir na formação que possa elevar as chances de emprego em outros setores. Colocado de outra forma, o investimento em educação dado pelos empregadores vai adquirir o perfil mais específico possível que, no limite, será aquele que só é útil ou valorado na empresa que o propicia.

Decorre deste raciocínio que o investimento em CHG (alfabetização, por exemplo) deve ser uma tarefa levada adiante, primordialmente pelo Estado ou pelos próprios indivíduos. Não é prudente esperar que os empregadores tomem iniciativas nessa área. Deles se pode aguardar adequar esse perfil de conhecimentos e habilidades gerais às especificidades de cada posto de trabalho ou harmonizar a herança do sistema escolar à cultura da empresa. Obviamente, podem ser assinaladas exceções e casos nos quais empresas investem em planos de alfabetização, por exemplo. Mas essas eventualidades são mais a exceção que a regra, uma vez que esse investimento pode ser totalmente perdido no caso de o beneficiário deixar o emprego.[28] A rotatividade da mão de obra é, nesse sentido, um parâmetro crucial para determinar em que medida as empresas de um país investem na formação do CHG da força de trabalho. Tomemos dois exemplos. Nas grandes empresas do Japão, geralmente, os indivíduos ingressam no início de sua vida ativa e nelas se aposentam. Num ambiente como esses, não é incomum que os empregadores invistam na formação de seus trabalhadores em cursos onerosos e de longa duração (por exemplo, doutorado). Uma vez que os vínculos trabalhistas são duradouros, o investimento (por parte da firma) na acumulação de CHG, beneficiando a seus assalariados, tem um retorno para a própria firma. Vamos agora ao caso do Brasil. Existe uma generalizada insatisfação por parte dos empregadores sobre a formação da mão de obra no país, que limitaria os ganhos de produtividade e de

---

[28] Existem diversas estratégias das empresas para reter ("fidelizar") seu estoque de trabalhadores. Por exemplo, pagando salários maiores que os de mercado, outorgando certos benefícios como aposentadoria complementar, plano de saúde etc. Mas, em todos os casos, essas estratégias têm custos que devem ser comparados aos benefícios.

competitividade (De Oliveira; De Negri, 2014). A pergunta é: por que não investem em seus recursos humanos? A resposta parece ser: porque não é rentável economicamente, caso fosse rentável, o investimento se concretizaria. A questão então se desloca para "Por que não é rentável?" Podemos imaginar duas hipóteses que mereceriam pesquisas específicas. A primeira diz respeito às deficiências na acumulação de CHG, que tornaria o montante do investimento muito elevado (teriam que investir primeiro em CHG e depois em CHE). A segunda, que complementa a anterior, diz respeito ao pouco tempo de permanência média do emprego no Brasil. Nos trabalhadores com vínculos regulados pela CLT, o tempo médio é de 3,5 anos, um horizonte muito reduzido para tornar rentável um investimento em educação geral (e mesmo em cursos de curta duração para formação específica).[29]

4.2. Uma Pluralidade de Fontes Nutrem a Formação do Capital Humano

As fontes que nutrem o CHG estão restritas ao sistema escolar e, secundariamente, à certas externalidades do capital humano adquirido na vida ativa (CHE)? A resposta é negativa. Se incluímos no CHG, além de fatores muito específicos à capacidade cognitiva e habilidades, o capital cultural (atitudes, disciplina, valores etc.) que, com certeza, também concernem à produtividade, o entorno social (família estendida, amigos etc.) e o ambiente da própria escola (colegas de sala, por exemplo) não podem deixar de ser considerados (ver Figuras 1 e 2). Vamos analisar com certo detalhe esse caráter multifacetado das raízes do capital humano, lembrando que o CH se integra por dimensões que poderíamos denominar de "técnicas" (domínio da linguagem, competência em matemática etc.) e de singularidades da personalidade que afetam a produtividade (disciplina, iniciativa, pontualidade etc.). Obviamente, o leitor pode arguir que parte dessas particularidades individuais pode ter origem genética, um perfil natural (idiossincrático) de cada ser humano. Discutiremos esses aspectos (herança genética versus condicionamentos sociais/formação no sistema escolar) no próximo capítulo. Neste momento, só a título de diferenciação analítica, vamos supor que todo o

---

[29] O dado de 3,5 anos tem como fonte a RAIS 2013 (cálculos do autor).

4. Classificação do Capital Humano e suas Fontes

perfil humano de um indivíduo, factível de afetar a sua produtividade, foi adquirido no transcurso de sua vida em diferentes espaços.

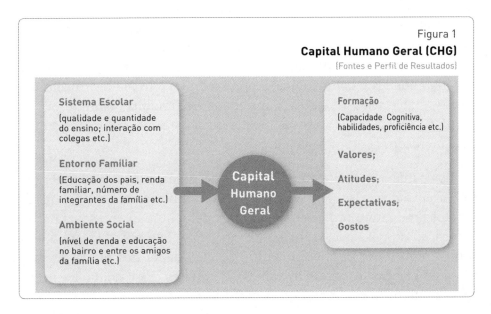

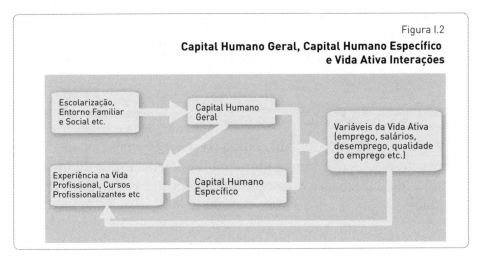

a) O sistema escolar não é o único âmbito a partir do qual se acumula CH

Uma leitura das figuras acima nos permite concluir que o sistema escolar não é o único âmbito a partir do qual se acumulam capacidades cognitivas, habilidades, competências etc. Em outros termos, os estabelecimentos educativos não são o único lugar a partir do qual é cimentado o perfil individual, que mais tarde se concretizará em retornos econômicos via o impacto na produtividade. A família, via seu nível de renda, sua educação, o ambiente socioeconômico (família estendida, amigos, bairro etc.), o ambiente escolar (colegas, professores etc.) moldam um perfil individual com certas singularidades técnicas (habilidades e competências, por exemplo) e humanas (disciplina, gostos, expectativas, valores, capacidade de trabalhar em equipe, capacidade de liderança etc.) que posteriormente serão valoradas ou não pelo mercado.

Logicamente, aqui estamos diante de uma série de variáveis que interagem entre elas. Por exemplo, uma família com elevados rendimentos terá, muito provavelmente, um capital humano no seio familiar (educação do pai, mãe, tios etc.) elevado. Esse fato possibilitará que os filhos frequentem estabelecimentos de qualidade, nos quais interagirão com colegas oriundos de famílias similares. Esse convívio, necessariamente, influenciará em seu perfil humano e serão internalizadas expectativas econômicas e sociais para seu futuro, além de gostos e aspectos mais associados a educação propriamente dita (raciocínio, por exemplo). Esse conjunto de fatores será primordial na mobilidade social que induza ou limite o sistema educativo, tema que abordaremos no próximo capítulo.[30]

b) A capacidade de acumular CHE específico depende do CHG

Se o CHG de um indivíduo resulta da soma do ambiente e do sistema escolar, esse perfil humano limitará ou potencializará futuras acumulações de habilidades e competências específicas por meio de dois caminhos.

O primeiro diz respeito ao acesso a postos de trabalho de qualidade — esta, sendo entendida como rendimentos elevados mas, também, possibilidades de acumular conhecimentos em sua vida ativa. Em outros termos: existem postos de trabalho que oferecem perspectivas de crescimento profissional e outros não (ou oferecem em menor medida).

---

[30] Na moderna literatura, esses aspectos fazem parte do que se denomina de Capital Social.

4. Classificação do Capital Humano e suas Fontes

A qualidade do posto de trabalho dependerá muito do CHG inicial. Assim, temos que um elevado CHG na ocasião de ingressar ao mercado de trabalho elevará as chances em ocupar postos de trabalho que robusteçam seu perfil profissional, além de permitir a interação com grupos sociais que restrinjam ou ampliem espaço para futuras competitividades. Contrariamente, um reduzido CHG (reduzido em termos de quantidade e qualidade), no momento de incorporação à vida ativa, limita as chances de ser um candidato a um posto de trabalho de qualidade, fato que circunscreve seu futuro profissional.

O segundo aspecto que articula CHG e CHE está associado diretamente à capacidade individual em acumular habilidades e competências. Um exemplo para ilustrar: se um indivíduo tem reduzidas destrezas na leitura e operações matemáticas (CHG) dificilmente poderá beneficiar-se de um curso de formação profissional oferecido pelo empregador. Ou seja, um limitado CHG circunscreve a possibilidade de acrescentar habilidades específicas.

c) O CHE tem menos flexibilidade que o CHG

O CHE pode ser complementar ao CHG e, como salientamos em parágrafos anteriores, ser útil para a etapa inicial do ciclo de vida, quando se transita do sistema escolar ao mundo do trabalho. Contudo, lembremos que o CHE está vinculado a habilidades específicas associadas a uma tarefa ou atividade. No caso de choques tecnológicos, por exemplo, se essas tarefas ou atividades entram em decadência (tornam-se arcaicas), a flexibilidade dos conhecimentos adquiridos no posto de trabalho ou em um curso de formação profissional tem menor utilidade no momento da reciclagem. Contrariamente, o CHG oferece maior flexibilidade, permitindo que diante de choques (mais ou menos óbvios quando trabalhamos com horizontes de tempo próximos aos cinquenta anos, intervalo no qual as tecnologias, gostos, formas de produção etc. se alteram) o indivíduo apresente capacidade de mudança. Assim, jovens que privilegiaram a formação técnica observam menores taxas de desemprego nas primeiras faixas etárias da vida ativa (16–24 anos) *vis-à-vis* os que receberam formação geral, mas suas taxas de desemprego são superiores na vida adulta. Por que? Simplesmente porque suas habilidades ficaram obsoletas e, na medida em que estão limitados em seu CHG, as possibilidades de reciclagem não são amplas. Em geral, os retornos econômicos ao CHG seriam superiores a cursos de formação profissional. (Ryan, 1998; Psacharopoulos, 1994).

d) Capital Humano, processos recursivos e ciclo de vida

Os vínculos que mencionamos nos dois itens anteriores já transmitem a seguinte ideia: a educação, em um período, serve como um input nos períodos futuros. Este processo se conhece como recursivo (o nível de educação que hoje pode ser incorporado está condicionado pelo nível de educação consolidado ontem). Dessa forma, a educação acumulada em um período determina a produtividade nesse mesmo espaço de tempo, mas também vai condicionar a quantidade e a qualidade de futuros investimentos.

Essa característica tem múltiplos desdobramentos. Uma delas já assinalamos: a possibilidade de reciclar trabalhadores afetados por um choque tecnológico vai depender muito do CHG dos mesmos. Mas um outro desdobramento diz respeito ao investimento em educação ao longo do ciclo de vida. Existem fortes evidências (Carneiro; Heckman, 2003, por exemplo) que a educação e os incentivos nos primeiros anos de vida condicionam a capacidade de acumular habilidades cognitivas na fase jovem e adulta. Nesse sentido, os retornos dos investimentos na educação desse público (crianças muito novas) é muito elevado. No outro extremo, investimentos em adultos com reduzido CHG são pouco efetivos. Nesse sentido, social e economicamente, deveriam ser privilegiados os investimentos em, por exemplo, creches e escolas de primeiro grau, especialmente nos setores desfavorecidos. As pesquisas sugerem (ver o artigo que já citamos de Carneiro e Heckman, 2003, ou de Blau e Currie, 2004) que os retornos são muito elevados, uma vez que ampliar a capacidade cognitiva nos primeiros anos de vida tem efeitos que se fazem sentir até bem avançada a vida adulta, condicionando, como afirmamos, o leque de possibilidades de acumulações futuras. Na medida em que nos meios sociais desfavorecidos a possibilidades de transmitir CHG via o ambiente familiar ou social é limitado, uma política pública cujo público-alvo seja as menores faixas etárias desses segmentos é altamente rentável economicamente, além de contribuir para igualar as oportunidades.[31]

5. Comentários Finais

Deste capítulo, podemos concluir que a educação mereceu uma apreciação econômica desde os primórdios da ciência econômica, no século XVIII. Evidentemente, esse olhar foi mudando no tempo. Os primeiros pensadores que se aventuraram no tema entremeavam aspectos filosóficos e éticos com avaliações sobre o impacto de mais anos de estudo sobre magnitudes financeiras. O transcorrer dos anos foi afunilando a amplitude dessa perspectiva e hoje os economistas avaliam a educação em termos de custos e benefícios, cotejando os mesmos em termos de magnitudes monetárias. Mesmo dimensões que, em uma primeira aproximação, não parecem suscetíveis de serem apreciadas em termos de custos e benefícios financeiros, a moderna economia consegue incorporá-las ao modelo padrão. Assim, a educação pode ter impactos sobre a estabilidade das instituições políticas — estabilidade que pode contribuir para o progresso econômico no longo prazo. Observamos que a educação teria vínculos com o desenvolvimento, encadeamento mediado por uma suposta relação de causalidade entre educação e estabilidade das instituições políticas. A educação também estaria associada com a criminalidade de uma sociedade; criminalidade que, por sua vez, é factível de ser avaliada em termos de custos e benefícios.[32] Ou seja, mediada por seu impacto sobre o crime, a educação teria desdobramentos sobre a economia.

Dessa forma, seja direta (via a produtividade), seja indiretamente (formatando instituições e condutas), aproximar-se da educação em termos econômicos tornou-se, hoje, prática corriqueira. Notícias, comentários, opiniões etc. sobre a educação e seus impactos sobre o crescimento, a distribuição de renda e a pobreza são corriqueiros em jornais

---

[31] Abordaremos a questão da igualdade de oportunidades no próximo capítulo.

[32] Gary Becker, um dos principais (senão, o principal) economistas que contribuiu para tornar possível fazer uma leitura econômica da educação (ver Seção 3.3 deste capítulo), também foi um pioneiro em avaliar as atitudes dos indivíduos diante do crime em termos de custos e benefícios financeiros. Ver Becker, 1974.

impressos, televisão etc. Esse debate público só é possível pelas pioneiras contribuições que, desde o final dos anos 1950 até a década de 1970, foram realizadas por economistas do calibre de Mincer, Schultz e Becker. Depois dessa vanguarda, atualmente, a economia da educação transformou-se em uma especialidade com nível de atratividade e status similar a áreas já antigas, como a economia do setor público, economia do trabalho etc.[33]

Neste capítulo, nosso objetivo foi apresentar esse corpo teórico consolidado e que é a referência em termos de teoria econômica. Contudo, o mesmo não deixa de ter críticos, fragilidades e certas extensões que ultrapassam o campo econômico, abrangendo aspectos de distribuição e justiça social, por exemplo. Esses serão temas do próximo capítulo.

Bibliografia Citada

BARRO, R.J.; SALA-I-MARTIN, X. *Economic Growth*. McGraw-Hill, 1995.

BECKER, G.S. *Essays in the Economics of Crime and Punishment: Human behavior and social institutions*. National Bureau of Economic Research. Columbia University Press, 1974.

_____. *Human Capital*. 2nd Edition. University of Chicago Press, 1975.

BLAU, D.; CURRIE, J. Preschool, Day Care, and Afterschool Care: Who's Minding the Kids? *NBER Working Paper n. 10.670*, Aug. 2004. Disponível em: <http://www.nber.org/papers/w10670.pdf>. Acesso em: 15 mar. 2015.

BOBAK, M.; JHA, P.; NGUYEN, S.; MARTIN, J.; CHALOUPKA, F. *Poverty and Smoking: Tobacco Control in Developing Countries*. Oxford University Press, 2000.

BORDIEU, P.; PASSERON, J.C. *La Reproduction. Éléments d'une Théorie du Système d'Enseignement*. Les Éditions de Minuit, 1970.

BOWLES, S.; GINTIS, H. *Schooling in Capitalist America. Educational Reform and the Contradictions of Economic Life*. Basic Books, 1977.

---

[33] Existe inclusive, uma revista acadêmica dedicada totalmente ao tema: *Jounal of Economic Education*.

CARNEIRO, P.; HANSEN, K.T.; HECKMAN, J.J. Estimating Distributions of Treatment Effects with an Application to the Returns to Schooling and Measurement of the Effects of Uncertainty on College Choice. *International Economic Review*, v. 44, n. 2, p.361–422, May 2003.

DE OLIVEIRA, J.; DE NEGRI, F. O Desafio da Produtividade na Visão das Empresas. *Produtividade no Brasil: Desempenho e Determinantes*. IPEA, v. 1, 2014.

DEVAUX, M.; SASSI, F.; CHURCH, J.; CECCHIN, M.; BORGGONOVI, F. Exploring the Relationship Between Education and Obesity. *OECDE Economic Studies*, v. 2011, n. 5, p. 121–159, Dec. 2011. Disponível em: <http://zip.net/bqrfgD>. Acesso em: 15 mar. 2015.

HECKMAN, J.; CARNEIRO, P. Human Capital Policy. *NBER Working Paper n. 9.495*, Feb. 2003. Disponível em: <http://www.nber.org/papers/w9495.pdf>. Acesso em: 15 mar. 2015.

KENKEL, D.S. Health Behavior, Health Knowledge, and Schooling. *Journal of Political Economy*, v. 99, n. 2, p. 287–305, Apr. 1991.

LLERAS-MUNEY, A. The Relationship between Education and Adult Mortality in the United States. *Review of Economic Studies*, v. 72, n. 1, p. 189–221, Oct. 2005.

Marshall, A. *Princípios de Economia*. Abril Cultural, v. 2, 1982.

MCMAHON, W.W. *Education and Development: Measuring the Social Benefits*. Clarendon Press, 2000.

MINCER, J. Investment in Human Capital and Personal Income Distribution. *Journal of Political Economy*, v. 6, n. 44, p. 281–302, Aug. 1958.

PSACHAROPOULOS, G. Returns to Investment in Education: A Global Update. World Development, v. 22, n. 9, p. 1325–1343, Sep. 1994.

RYAN, P. Is Apprenticeship Better? A Review of the Economic Evidence. *Journal of Vocational Education & Training*, v. 50, n. 2, p. 289–329, 1998.

SCHULTZ, T.W. Capital Formation by Education. *Journal of Political Economy*, v. 68, n. 6, p. 571-583, Dec. 1960.

_____. Investment in Human Capital: The Role of Education and of Research. NY: Free Press, 1971.

SMITH, A. *A Riqueza das Nações — Uma Investigação sobre a Natureza e as Causas da Riqueza das Nações*. Abril Cultural, v. 1, 1983.a.

SMITH, A. *A Riqueza das Nações — Uma Investigação sobre a Natureza e s Causas da Riqueza das Nações*. Abril Cultural, v.2, 1983.b.

STRUMILIN, S. The Economics of the Education in the URSS. *UNESCO, International Social Science Journal*, v. 14, n. 4, p. 633–646, 1962.

SUMMERS, L.H. Investing in All the People. *Policy Research Working Papers*, Development Economics Office of the Vice President of The World Bank, May 1992. Disponível em: <http://zip.net/bxqjPd>. Acesso em: 15 mar. 2015.

Anexo 1

O Valor do Tempo em Economia

O Conceito de Valor Presente

Vamos iniciar a nossa exposição com uma situação hipotética, um pouco caricatural e simples, mas que consideramos boa introdução ao tema.

Assumamos que oferecemos um presente a uma criança hoje ou daqui a um mês. O presente que obsequiaríamos hoje é exatamente igual ao que brindaríamos daqui a um mês. Se nessa imaginária situação a criança tiver escolha, ela, com certeza, preferirá o presente hoje. Diante dessa escolha, podemos concluir que um bem hoje não é valorado da mesma forma que em um momento futuro, não obstante o bem ser exatamente igual (em realidade, é o mesmo bem disponibilizado em dois momentos do tempo).

Vamos, agora, mudar as alternativas e oferecer a essa criança um bem hoje, mas dando-lhe a opção de escolher o mesmo bem daqui a um mês. Porém, no futuro, ela terá um outro bem de acréscimo. Pode ser que a criança mantenha sua escolha pelo mimo, hoje, e essa vontade manifestará que o acréscimo ou *plus,* que estamos oferecendo no futuro, não compense abrir mão de receber o presente hoje. Podemos continuar com a nossa imaginária situação e elevar o *plus* que oferecemos, no caso de sua escolha ainda ser receber o presente dentro de um mês. Esse aumento no complemento futuro fará com que, em algum momento, a criança duvide, fique indecisa ou, em outros termos, seja indiferente entre essas duas possibilidades. Naturalmente, chegará um momento no qual o acréscimo será tão elevado que a preferência consistirá em receber o presente no futuro.

Que conclusões podemos tirar dessa fictícia situação?

O primeiro corolário diz respeito ao valor de um bem, que depende da sua disponibilidade no tempo. Mesmo que, em nosso exemplo, o presente da criança seja exatamente igual fisicamente, sua subjetividade dará mais valor ao hoje que ao futuro. Generalizando, todo ser humano terá preferência pelo imediato e, para abrir mão de um consumo hoje, ele "cobra".

O segundo corolário está associado com o anterior. Quanto mais longe do presente um bem se tornar disponível, maior será a "cobrança" do indivíduo para abrir mão do consumo no presente. No caso de nosso exemplo, se em vez de um mês, oferecermos à criança o bem daqui a dois meses, o *plus* que teremos que agregar para que ela seja indiferente será maior. No limite, quando o horizonte de tempo tende para o infinito, o valor desse bem, no futuro, é zero. Raciocinando, no extremo, podemos conjecturar que, se oferecemos um presente a essa criança daqui a 100 anos, é similar a oferecer nada. Ou seja, um bem disponível daqui a 100 anos, hoje, não tem valor.

O terceiro corolário diz respeito à subjetividade da escolha intertemporal. Em nosso exemplo, duas crianças podem fazer diferentes escolhas ou, em outros termos, "cobrar" por abrir mão do consumo hoje, diferentes preços (distintos complementos).

Vamos "monetizar" o bem de nosso exemplo e outorguemos a ele o valor de R$100. Assumamos que o *plus* cobrado pela criança seja de R$10. Temos assim, uma equivalência entre R$100 hoje e R$110 daqui a um mês. Colocado desde outra perspectiva: os R$110 de daqui a um mês correspondem a R$100 hoje. Em termos técnicos, o Valor Presente (VP) de R$110 é R$100 e o preço que estão cobrando por abrir mão de ter disponível hoje R$100 é 10% (no linguajar técnico, a taxa de preferência intertemporal é de 10%. A taxa de preferência intemporal também é denominada de taxa de desconto, uma vez que ela "desconta" o futuro).

Vamos, agora, sofisticar a análise.

Falamos que duas crianças podem ter diferentes preferências pelo presente e, nesse sentido, vão "cobrar" diferentes preços por abrir mão

5. Comentários Finais

do consumo hoje. Desta forma, o valor do tempo está em função da subjetividade de cada indivíduo. Mas exclusivamente da subjetividade? A resposta é negativa. Como um indivíduo valora o tempo, pode estar influenciado pelo seu nível de renda. É evidente que podemos presumir (com muito realismo) que, quanto menor a renda de um indivíduo, maior será o valor que outorga ao presente (maior o preço que cobra por abrir mão do consumo hoje). Falar para um indivíduo mergulhado na indigência, com dificuldades de sobreviver no dia a dia, sobre bens ou benefícios que pode receber daqui a 20 anos carece de sentido. Sua taxa de preferência intertemporal tenderá ao infinito.

Em termos sociais, o preço do futuro é similar ao dos indivíduos que compõem a sociedade? A resposta é negativa. Um indivíduo tem um horizonte temporal que se esgota na finitude de sua vida, uma sociedade não. Um país pode preservar patrimônios ou riquezas naturais para futuras gerações. Gerações que podem se situar daqui a séculos. Ou seja, em termos de VP, algum bem dentro de 100 ou 200 anos tem alguma grandeza. Em termos individuais, esse VP, com certeza, será próximo de zero. Logicamente que, em certas situações, muito comuns em educação, o horizonte relevante para um indivíduo ultrapassa o horizonte de sua vida. Por exemplo, quando investe na educação de seus filhos, um pai/mãe está outorgando valor a um benefício que está além de sua fronteira temporal.[34]

Em geral, o valor que se outorga ao tempo (a taxa de preferência intertemporal) deve ser menor para a sociedade que para os indivíduos que a compõem. Nesse sentido, certos projetos podem ser viáveis e merecem ser financiados pelo Estado, uma vez que não seriam concretizados pelos indivíduos. Deixar certos investimentos exclusivamente como responsabilidade dos indivíduos levaria a um nível de recursos aplicados que, em termos sociais, seria insuficiente (subinvestimento).

---

[34] Além do quesito sobre o horizonte temporal, a questão do investimento na educação dos filhos é complexa na medida em que um pai ou mãe pode estar abrindo mão do consumo presente para um consumo futuro que não será o deles. Nesse caso, temos uma situação que na literatura se conhece como "pais altruístas": o bem-estar ou a utilidade de um indivíduo (pai/mãe) depende do bem-estar ou da utilidade de outros (filhos). No outro extremo, temos os casos em que os filhos são assumidos como fonte de renda a ser consumida pelos pais. O potencial conflito entre pais/filhos já foi mencionado por Nassau Senior (1790–1864). Ver Seção 2 do Capítulo I.

Anexo 1 O Valor do Tempo em Economia

Do que foi sustentado nos parágrafos anteriores, podemos concluir que tanto custos quanto benefícios que se estendem no tempo (como é o caso da educação) devem ser avaliados em termos de VP. Não faz sentido comparar (sem descontar o valor do tempo) um custo ou um benefício que vai se materializar no futuro com um similar que se vai efetivar hoje. Quanto mais distante do presente for um custo/benefício, menor será o VP. A taxa de preferência intertemporal depende da subjetividade de cada indivíduo, mas também, de seu nível de renda. A taxa, à qual se desconta o futuro, deve ser menor no caso de o avaliador ser a sociedade vis-à-vis àquela válida para um indivíduo.

Capítulo II

Educação Absoluta ou Relativa? Conteúdo ou Credenciais?

> "Assim, o diploma de Harvard é, basicamente, uma garantia de QI [...] Diplomas com garantia de QI são o que os economistas chamam de bens posicionais — uma maneira de mostrar superioridade pessoal em relação a seus concorrentes."
>
> Geoffrey Miller, *Darwin Vai às Compras — Sexo, Evolução e Consumo.*

1. Introdução

No capítulo anterior, além de realizar um sumário histórico, apresentamos o moderno olhar sobre as interfaces entre economia e educação. Os conceitos que desenvolvemos, por mais simples que eles tenham sido, nos permitiram explorar e tentar explicar um amplo leque de situações, que vão desde o questionamento sobre por que os jovens são o público principal dos estabelecimentos de ensino, até entender a pobreza como uma subacumulação de educação que se reproduz no tempo.

Contudo, essa construção teórica, não obstante seu potencial explicativo para determinadas situações, não parece guardar correspondência com diversas circunstâncias que são marcantes no dia a dia. Lembremos que um aspecto central da abordagem conceitual do capítulo anterior diz respeito aos nexos entre a acumulação de Capital Humano — CH (seja de Capital Humano Geral — CHG ou de Capital Humano Específico — CHE) e o patamar de rendimentos. Essa relação está mediada pela produtividade, ou seja, a acumulação de CH acrescenta capacidades, conhecimentos, proficiências etc. que elevam a produtividade dos indivíduos, e essa produtividade determina os ganhos no mercado. Essa seria a explicação da forte correlação que evidenciam os dados no Brasil e em todas as economias do mundo:

quanto mais anos de estudo tem uma pessoa, maiores serão os rendimentos médios ganhos.

Essa relação, no entanto, está longe de esgotar a questão. Na rotina de qualquer estabelecimento escolar observamos alunos (e não são poucos) que colam, que concentram suas preocupações mais em obter um diploma do que em acumular conhecimentos e capacidades. Uma rápida leitura de qualquer jornal nos permite concluir que habilidades em um esporte ou ter um físico próximo da beleza padrão viabilizam muito mais ganhos que anos de esforço nos estudos.[35] Poderíamos nos estender nos exemplos, mas, em todos os casos, a estrutura conceitual que apresentamos no capítulo anterior não parece compatível com essas circunstâncias. Em realidade, esse arcabouço analítico é extremamente potente e suficientemente abrangente para, a partir da introdução de certas premissas e algum grau de sofisticação, explicar essas situações particulares (na realidade muito particulares, uma vez que nem todo jovem é Neymar, nem toda moça tem a beleza de Luana Piovani). Logicamente, podemos introduzir certos axiomas que chegam a comprometer a TCH, nos levando a marcos teóricos mais adequados para compreender certas dinâmicas.

O nosso objetivo neste capítulo consiste, justamente, em especificar, com mais detalhe, certas hipóteses que delimitam o poder explicativo da relação entre educação e salários. Não chegam a rejeitá-la, uma vez que os dados são suficientemente robustos para restringir sua abrangência, mas vamos introduzir variáveis como o valor de um diploma, singularidades herdadas etc. que tornam mais complexo esse vínculo. Dado esse objetivo, estruturamos o Capítulo II da seguinte forma: na próxima seção, problematizaremos a questão de características inatas e do determinismo do ambiente socioeconômico no sucesso no sistema educativo e na posterior inserção na vida ativa. O valor dos diplomas e das credenciais em geral (atestados, certificados etc.) e a educação relativa serão motivos de análise nas Seções 3 e 4. Uma relação de causalidade inversa, na qual o indivíduo e sua educação não serão a origem

---

[35] Diversos são os artigos que testaram empiricamente o impacto do padrão de beleza sobre os salários. Ver, por exemplo, Mobius e Rosnblat (2004). Ver box deste capítulo.

última da produtividade, será o tema que abordaremos na Seção 5. Por último, finalizaremos o capítulo na Seção 6, com uma síntese e balanço das correntes de pensamento que apresentamos. Complementaremos o texto com um anexo. Nele, um breve resumo das provas mais populares (PISA, ENEM etc.) e utilizadas para avaliar a qualidade do ensino. Como veremos no transcurso dos próximos parágrafos, a questão da qualidade/quantidade constitui um divisor de águas entre correntes de pensamento e, nesse sentido, as provas que pretendem auferir a qualidade devem ser entendidas como a concretização de um marco analítico prévio.

2. A Nossa Herança Genética

Quando se menciona a correlação anos de estudo–rendimentos, estamos falando em média. Nem todas as pessoas que têm dado nível de escolaridade recebem o mesmo pagamento por seu trabalho. A vivência no cotidiano nos diz que a variabilidade é muito elevada. Diversos são os fatores que podem alimentar essa dispersão, como, por exemplo, a característica do curso adotado. O salário médio de um economista não é igual ao rendimento padrão de um pedagogo. Mas, mesmo dentro de um mesmo curso, as distâncias podem ser significativas: a retribuição monetária dos engenheiros não é uniforme, sendo afetada pela especialidade. Então a primeira pergunta que podemos colocar é: por que nem todas as pessoas seguem aqueles cursos que são mais bem remunerados? A primeira reposta nos remete aos gostos ou idiossincrasias de cada indivíduo. Podemos imaginar que o curso de Medicina é aquele que melhor remunera, mas, mesmo sendo consciente do retorno, a repulsa a sangue pode inibir sua escolha.[36] Ou seja, uma série de singularidades de cada indivíduo (gostos, tradição familiar, ambiente etc.) pode delimitar sua preferência ou sua escolha.

À margem dos gostos/preferências, essas peculiaridades individuais podem ser de diversas ordens e vão desde o que comumente se

---

[36] Não estamos afirmando que o curso de Medicina é aquele que melhor remunera. Essa é apenas uma hipótese para exemplificar o tema em discussão. De qualquer forma, mesmo que seja o que apresenta os maiores ganhos médios, os mesmos deveriam ser comparados com os custos. Sobre esse ponto, ver o Capítulo I.

denomina "inteligência" a aspectos como a iniciativa, a capacidade de liderança, a autonomia, a capacidade de trabalhar em grupo etc., todas características que serão remuneradas no mercado. Ou seja, entre dois administradores exatamente com a mesma escolaridade, idade, experiência etc., porém um deles, com notória capacidade de liderança, que o outro não possui, muito provavelmente o primeiro terá um rendimento superior.

Paralelamente às singularidades antes mencionadas, podemos ter outras que não são imediatamente vinculadas aos rendimentos, como altura, aparência, beleza etc. (ver box). Em certas ocasiões, essas singularidades adquirem tal magnitude que podem chegar a ser predominantes na explicação dos ganhos monetários. A escolaridade de Gisele Bündchen explica seu nível de renda? Certamente não, e a lógica nos diz que devemos direcionar nossas atenções a sua beleza. Os anos de estudo nos permitem entender o fluxo de caixa de Neymar, Messi ou Cristiano Ronaldo? A resposta volta a ser negativa, sendo suas habilidades futebolísticas a origem dos astronômicos contratos.

Mas vamos nos concentrar no que comumente se denomina inteligência, uma vez que essa pode ser uma variável importante na explicação do nível de estudo que um indivíduo atingirá. Obviamente não será a única variável, a inteligência será combinada com outros parâmetros (como disciplina, esforço etc.).[37] Será que a genética, seja a "inteligência", a beleza, as habilidades esportivas, a liderança, a simpatia etc., constitui uma peça chave no quebra-cabeça que devemos armar para entender os retornos econômicos de trajetória profissional de um indivíduo? Se respondemos positivamente a essa pergunta (a carga genética é relevante e, talvez, crucialmente relevante), um olhar econômico da educação deixa de fazer sentido. Sejamos mais explícitos. Se um(a) homem/mulher, por seus atributos físicos (determinados geneticamente), é capaz de ser contratado(a) por somas exorbitantes exclusivamente pelos traços herdados, tratar de desenvolver algum tipo de reflexão econômica (custos e benefícios da aquisição de educação) carece de sentido.

---

[37] Por outra parte, as modernas escolas de pensamento identificam diversas inteligências. Discutir as distintas inteligências e sua valoração no mercado nos afastaria de nossos objetivos no presente livro. Neste sentido, vamos usar o termo "inteligência" como uma *proxy* da capacidade cognitiva. Poderíamos utilizar uma outra "inteligência", mas nosso objetivo central nos próximos parágrafos será de discutir (e relativizar) a herança genética na determinação do máximo nível de escolaridade atingida e dos rendimentos, e não debater as diferentes "inteligências".

2. A Nossa Herança Genética

Caso os rendimentos de Neymar estejam dados, exclusivamente, por suas habilidades no jogo e essa aptidão lhe foi outorgada pela "loteria da vida", explicar seus ganhos foge de uma análise de custos/benefícios de destrezas adquiridas.[38]

A dimensão econômica só surge quando, como vimos no capítulo anterior, um indivíduo pode ou não adquirir uma dada proficiência, e no processo de decisão de obtê-la ou não faz-se um balanço dos custos e dos benefícios. Nesse sentido, aquela parte dos rendimentos que são explicados pela "genética" (habilidades muito específicas, beleza etc.) não integram o campo de reflexão de um economista. Contudo, o DNA de um indivíduo não determina só as habilidades esportivas ou a beleza. Se um indivíduo com doutorado ganha muito (muitíssimo) mais que um indivíduo analfabeto, o máximo grau acadêmico foi obtido devido a sua inteligência e esta foi definida por sua carga genética, seu DNA é o responsável pela diferenciação de rendimentos. Ou seja, voltamos a cair na armadilha que nos leva a um determinismo que não aceita uma leitura econômica. A "loteria da vida" distribuiria aleatoriamente suas benesses, certos são muitos agraciados via inteligência, beleza, habilidades esportivas etc., ganhando extraordinariamente mais que os demais com menos dotes naturais.[39] Nesse sentido, um indivíduo seria analfabeto porque estaria limitado em sua capacidade de acumular habilidades por sua carga genética. Um outro, com maior "inteligência dada pela herança genética" poderia atingir o ensino médio, recebendo maiores rendimentos e assim para frente. Poderíamos sofisticar a argumentação e falar que os anos de estudo não são determinados exclusivamente pela "inteligência", mas também pela disciplina, persistência etc. Mas, se essas qualidades poderiam também ser atribuídas à herança genética, o determinismo natural persiste.

Esta perspectiva é falsa, logicamente, uma vez que, como já salientamos, se todo e qualquer diferencial de rendimentos deve ser creditado a uma suposta "herança genética" não caberia um olhar econômi-

---

[38] Poderia ser tentada uma análise econômica sobre as causas da diferenciação dos retornos de certas habilidades. Ou seja, a pergunta poderia ser: por que são tão bem remuneradas as habilidades dos jogadores de futebol e os retornos são menores no caso dos indivíduos com aptidão natural para a corrida? Mas a resposta a esse tipo de indagação foge aos objetivos deste livro.

[39] Estamos falando de características valoradas pelo mercado, porque estamos reduzindo a nossa perspectiva aos ganhos econômicos. A beleza é factível de ter um retorno, talvez a solidariedade não tanto, e por isso não a mencionamos.

co (relação custo/benefício de adquirir uma determinada habilidade). Contudo, a forma caricatural como a que apresentamos nos parágrafos anteriores não deixa de ter um certo apelo no debate público. A diferenciação da inteligência (o denominado QI, em termos populares) na explicação da pobreza, da diferenciação de rendimentos e seus vínculos com herança genética foi levantada recentemente (2013) em uma palestra pelo prefeito de Londres, Boris Johnson, dando lugar a uma não negligenciável polêmica (*New York Times*, 2013). Vamos, nos próximos parágrafos, qualificar essa discussão.

a) Loteria da vida e condicionantes socioeconômicos

A discussão sobre a origem dos diferenciais de aptidões ("inteligência" associada à capacidade cognitiva, aptidão para trabalhar em equipe, equilíbrio emocional etc.) que podem ter impactos econômicos foi e é um enorme campo de pesquisa particularmente importante entre psicólogos, pedagogos e economistas. Essas características dos indivíduos são totalmente determinadas pela carga genética? São definidas pelo ambiente?

Vamos iniciar nossa discussão com a beleza, uma vez que esta variável dá a impressão (equivocada, vamos ver) de ter um determinante genético absoluto. Observemos uma mulher ou homem daqueles que, normalmente, via mídia, são veiculados como sendo o arquétipo da beleza. Será que essa pessoa poderia ter desenvolvido esse padrão estético no caso de ter tido que trabalhar em sua infância em tarefas agrícolas, castigando sua pele pelo Sol? Será que a carência de alimentação adequada poderia ter possibilitado adquirir uma determinada altura? Obviamente que o padrão físico de um indivíduo será pautado por uma combinação de carga genética com o condicionamento socioeconômico do ambiente, inclusive durante o período de gravidez da mãe. No tocante à capacidade cognitiva, as evidências caminham na mesma direção. Existem cada vez mais resultados empíricos que identificam a correlação entre os méritos acadêmicos logrados no sistema escolar e condutas, bem como, práticas adotadas no seio da família.[40] Os estímu-

---

[40] Ver *The Economist* (2014. v. 1.) sobre *papers* apresentados no encontro (2014) da *American Association for the Advance of Science* no qual os resultados de pesquisas encontraram forte associação entre a performance no sistema escolar de crianças e jovens e o diálogo (quantidade de palavras) da mãe com o filho nos primeiros meses de vida. Esse volume do diálogo desenvolveria sinapses no cérebro que perdurariam para toda a vida.

los recebidos pela criança em seus primeiros anos seriam cruciais no potencial de aprendizagem e desempenho em sua vida ativa no mercado de trabalho. Não apenas a dimensão "inteligência" ou capacidade cognitiva está determinada por uma combinação de DNA e ambiente, mas também atitudes diante do risco, capacidade de adaptação, taxa de preferência intertemporal etc. seriam transmitidas entre gerações na primeira infância (Bowles, Gintis e Osborne, 2001). O ambiente socioeconômico extenso (não unicamente os pais, mas também a família com a qual a criança interage, os amigos dos pais, os pais dos amigos etc.) vão moldando aspectos da personalidade que depois podem ser determinantes no tipo de inserção do futuro adulto no âmbito econômico. Temos assim que a interação entre o "pacote genético" herdado e o ambiente é determinante.[41]

Educação, Matrimônio e Desigualdade

Diferentes níveis de educação alimentam e manifestam distintos níveis de renda, mas também gostos, aspirações, valores variados etc. A integração em grupos está determinada por essa multiplicidade de variáveis. Existem, mas não é a norma, os casais constituídos por integrantes de grupos sociais muito diferentes. Se, como salientamos nos Capítulos I e II, a educação é primordial na explicação dos níveis de renda e no conjunto de variáveis que ordenam a interação social, a variabilidade da educação entre os integrantes de um casal dificilmente seja muito elevada.

Essas características na formação de um núcleo familiar tende a ter impactos sobre a distribuição de renda, especialmente a transferência do capital humano entr gerações. Se um indivíduo de baixa escolaridade tende a constituir uma família com um outro integrante dotado com uma acumulação de capital humano próxima, o nível de renda familiar será reduzio e também circunscrito o capital humano transmitido aos decendentes. Contrariamente, no outro extremo da pirâmide social, indivíduos com elevados níveis de educação tendem a interagir com pares que compartilham, além de um dado nível de renda, perspectiva de vida, valores etc. Não unicamente sua posição na distribuição de renda será privilegiada, senão, tão importante quanto, será elevada a reprodução, na próxima geração, de seu lugar na hierarquia econômica e social, como sustenta um artigo na The Economist (2014, p. 96): "This reinforces another reason why well-off people are investing so much time in parenthood: preparing children to succeed is the best way to transfer privilege from one generation to the next".

---

[41] A interação entre essas duas dimensões deu origem a um amplo debate na literatura. Ver, por exemplo, o polêmico livro de Hermstein e Murray (1996).

> A capacidade do sistema escolar de ser um ambiente que mistura origens socioeconômicas em um mesmo espaço físico (o estabelecimento escolar) pode contribuir para quebrar a reprodução da posição na hierarquia e promover a igualdade de oportunidades. Uma criança com dificuldades de aprendizagem na escola, no caso de integrar uma família com reduzida escolaridade, pode encontrar no seio de seu grupo social o apoio necessário para contornar suas limitações. Descontinuar essa situação requer um sistema escolar cuja sofisticação torne irrelevante a ajuda do meio e/ou a mistura entre as origens.

Em termos de reflexão econômica e de desenho de política pública, essa perspectiva tem vários desdobramentos. Logicamente, existiria uma inércia para a reprodução da estrutura social, uma vez que, se forem certos os resultados das pesquisas que resenhamos nos parágrafos anteriores, famílias caracterizadas por elevadas rendas e requintado capital humano, geralmente interagindo com grupos humanos de traços similares, transmitirão a seus descendentes perfis humanos que conjugam elevada capacidade cognitiva com aspectos de personalidade próprios do segmento social do qual são originários. No outro extremo da segmentação social, grupos com reduzida renda e escasso capital humano redundarão em indivíduos com características opostas às anteriores (Bowles, 1972; Bowles e Gintis, 1975).

Nesse sentido, intervenções nas idades iniciais, ampliando os estímulos e mesmo (em casos extremos) provendo uma alimentação satisfatória, propiciam uma igualdade de oportunidades no futuro desempenho econômico durante o transcurso de seu ciclo de vida. Existem amplas evidências (Araújo, 2011; Barnett, 1992; 1995; Carneiro e Heckman, 2003; Currie, 2001; Masse e Barnett, 2002) sugerindo que a frequência em creches e pré-escolas tem impacto positivo sobre a renda dos indivíduos em idade adulta. Esse retorno é especialmente elevado no caso de o público-alvo ser crianças de ambientes desfavorecidos. O mais notório é a amplitude dos benefícios, amplitude no tempo (perduram até a idade adulta) e no leque de dimensões (que vão dos retornos acadêmicos, passam pelos ganhos no mercado de trabalho e atingem até a incidência no crime e na delinquência).

2. A Nossa Herança Genética

Na medida em que os elevados retornos econômicos e sociais na frequência à creche e pré-escola são estatisticamente bem robustos, a relação de custos/benefícios em iniciativas (sejam elas públicas ou familiares) na primeira infância deve ser o cerne das reflexões sobre um perfil do indivíduo que pautará toda a sua vida adulta.

Dessa forma, tentar procurar na carga genética individual a explicação do diferencial de capacidade cognitiva, de certas habilidades e da distância entre rendimentos merece ser contornada por três fatores. O primeiro diz respeito, como já argumentamos, à difusa fronteira entre carga genética e o ambiente (uma criança oriunda de uma família indigente tem sua sinapse comprometida pela carga genética ou por ter tido sua alimentação comprometida durante sua criação?). O segundo fator está associado à irrelevância de maiores elucubrações analíticas quando a raiz do fenômeno é a "loteria da vida" e não o cálculo custo/benefício. Por último, ainda admitindo que a carga genética seja relevante, esta afetará também variáveis que, não obstante serem importantes no momento da determinação de rendimentos, são de difícil verificação empírica (capacidade de trabalho em equipe, autonomia, iniciativa, atitude diante do risco, liderança etc.).

Não obstante, esse conjunto de fatores que nos induziram a negligenciar o DNA dos indivíduos como uma dimensão relevante para reflexionar sobre os nexos entre educação e economia, as relações entre atributos pessoais, escolarização e rendimentos é, como veremos nas próximas seções, um amplo campo de especulação teórica e esforços na pesquisa empírica.

Escolaridade, Características Individuais e Rendimentos

No capítulo anterior, consideramos que a correlação entre escolaridade/habilidades é a única variável capaz de explicar os rendimentos e sua distribuição. Neste capítulo, estamos introduzindo um componente genético e chamando a atenção para fatores que podem ser atribuídos à herança genética, mas que, na realidade, são produto de condicionantes socioeconômicos do ambiente.

> À margem dessa discussão, os economistas estudaram teórica e empiricamente até que ponto certas idiossincrasias e particularidades dispersam os salários em torno do nível que seria esperado, segundo a escolaridade/produtividade. Historicamente, a importância da cor/raça e do sexo na explicação do perfil distributivo dos salários foi aspecto que induziu reflexões teóricas (Becker, 1971) e amplos testes empíricos (Soares, 2000, por exemplo). Quando características individuais não produtivas (como sexo ou raça/cor) alteram o perfil de rendimentos os quais seriam oriundos da escolaridade/produtividade, estamos diante de um processo de discriminação. Por exemplo, se dois indivíduos têm a mesma idade, escolaridade, trabalham no mesmo setor de atividade e na mesma região, tendo como único elemento de diferenciação a cor/raça ou o sexo, o diferencial pode ser atribuído à discriminação. Outros fatores de discriminação podem ser religião, nacionalidade, local de moradia etc.
>
> A esses fatores, nas últimas décadas, os economistas introduziram nas pesquisas outras variáveis, como a beleza, a altura, o peso, a aparência em geral etc. (Hamermesh e Biddle, 1994; Biddle e Hamermesh, 1998; Hamermesh, 2012,2013; Cawley, 2004), todos aspectos possíveis de gerar diferenciações de salários em torno do que seria esperado pela educação/produtividade. Ou seja, factível de gerar discriminação. Em todos esses casos (beleza, altura, peso etc.), a pergunta nos remete ao debatido no texto: que parte desses aspectos estão determinados geneticamente e que componente pode ser atribuído ao ambiente econômico, social e cultural?

b) Educação ⇨ Atributos Pessoais ou Atributos Pessoais ⇨ Educação?

Tanto neste capítulo quanto no anterior, estamos assumindo que a educação determina a capacidade cognitiva e pode moldar certas características da personalidade (disciplina, pontualidade, capacidade de concentração etc.). Em todos os casos, essas variáveis terão um retorno econômico. Contudo, podemos imaginar outra possibilidade. Assumamos que, sejam o QI, a disciplina, a capacidade de concentração etc. aspectos determinados pelo ambiente familiar/social na primeira infância. Nesse caso, os indivíduos com mais QI, disciplina etc. podem acumular mais estudos.[42] Observemos que a relação seria inversa à que apresentamos até agora. É o caráter particular que explica o desempenho acadêmico e não o processo educativo o que talha certo perfil individual. Porém, o corolário deste cenário não acaba aqui, uma vez que os retornos obtidos no mercado podem muito bem não estar remunerando os anos de estudo, mas o perfil de personalidade que viabilizou essa acumulação de anos de estudo.

---

[42] No primeiro capítulo, assinalamos que a facilidade em estudar (devido, por exemplo, a uma capacidade cognitiva mais elevada) pode reduzir os custos subjetivos do "projeto educação", viabilizando-o economicamente.

Os economistas conseguiram imaginar formas de testar essa possibilidade. Em termos metodológicos o desafio é tentar comparar dois indivíduos com a mesma origem genética e o mesmo entorno socioeconômico. Os candidatos naturais foram os gêmeos monozigóticos com diferentes níveis de escolaridade. Foram várias as avaliações empíricas levadas adiante e os retornos da educação parecem superiores quando se descontam fatores genéticos e socioeconômicos (Ashenfelter e Krueger1994).[43] Em outros termos, dada uma personalidade, quanto mais educação, maiores os rendimentos. O retorno econômico não estaria remunerando, exclusivamente, um certo perfil humano.

Contudo, a possibilidade de a educação não formar, senão revelar traços da personalidade, traz consequências radicais em termos teóricos, corolários que apresentaremos e avaliaremos nos próximos parágrafos.

3. A Educação como Filtro ou Sinal

Basicamente, quando relacionamos a educação com variáveis econômicas (emprego e salários, por exemplo), estamos supondo a relação de causalidade que já mencionamos em diversas ocasiões neste capítulo e no anterior:

educação ⇨ habilidades, proficiência etc. ⇨ produtividade ⇨ salários

Se essa relação for correta, uma pergunta pertinente seria: se não existisse coerção legal, as pessoas frequentariam o sistema escolar? Não poderíamos adquirir uma educação em casa, sermos autodidatas? Em princípio, no arcabouço conceitual que estamos desenvolvendo (ver especialmente o Capítulo I) não deveriam existir maiores problemas, uma vez que, já no mercado, os empregadores aufeririam nossa potencial produtividade (mediante algum teste, por exemplo) e seríamos ou não empregados.

---
[43] Para uma resenha das diversas pesquisas empíricas com gêmeos, ver Card (1999).

Contudo, se, na teoria, essa possibilidade é perfeitamente factível, na prática, possuir um diploma ou, em geral, um atestado de frequência no sistema escolar e aprovação em determinada série, constitui um aspecto crítico no momento de competir por uma vaga no mercado de trabalho.

Concretamente, a pergunta que precisamos responder é: por que um diploma ou certificado escolar é valorado e mesmo, em não poucos casos, constitui um pré-requisito para que um indivíduo se habilite a ser candidato a uma oportunidade de emprego?

Podemos começar a procurar nossa resposta percebendo que, quando apresentamos a TCH no capítulo anterior, implicitamente estávamos assumindo que o empregador era capaz de perceber a produtividade potencial de cada postulante a uma vaga. Na realidade, temos que relativizar essa capacidade e, em todo caso, aproximar-se dela tem custos. Detenhamo-nos nestes aspectos.

a) Informação imperfeita, sinais e custos

Comecemos pelos custos. Diante de um aspirante a uma vaga, o empregador realizará testes, procurará referências, pesquisará desempenho em empregos anteriores etc. Essas atitudes tentarão se aproximar das características requeridas para ocupar o posto: proficiências, autonomia, disciplina, capacidade de trabalhar em grupo etc., ou seja, o perfil de requisitos técnicos e pessoais que se supõe o futuro empregado terá de possuir para garantir uma dada produtividade a qual, por sua vez, determinará o salário. Contudo, essa pesquisa tem um custo que está diretamente relacionado a seu alcance. Quanto mais itens forem pesquisados, maiores serão os custos e, logicamente, quanto menos itens forem objeto da pesquisa, menores serão, também, os custos. Contrariamente, quanto maiores sejam os sinais ou informações que o candidato transmite ao empregador, menor será o custo que este terá para tirar os postulantes. Vamos imaginar a seguinte situação. Suponhamos que uma empresa de supermercado divulgue a disponibilidade de uma vaga para caixa. Anunciando essa possibilidade de emprego dessa forma, sem nenhum requisito, a fila entre os postulantes terá pessoas qualificadas para a função e outras nem tanto. O empregador

3. A Educação como Filtro ou Sinal

terá que realizar testes, investigar empregos anteriores etc. para todos os postulantes, o que implicará em elevados custos. Admitamos, agora, que a mesma empresa divulga a mesma oportunidade de emprego, porém agrega informações adicionais: o candidato deverá ter, no mínimo, o ensino médio completo. A fila será menor que a anterior, com menores custos de pesquisa. Por outra parte, o requisito pode assegurar certo perfil técnico mínimo requerido para desempenhar as funções de caixa. Portanto, estipular um nível mínimo de escolaridade (mesmo que seja arbitrário) reduz os custos e os riscos (risco de não contratar a pessoa com o perfil adequado).[44]

Contudo, não obstante, essas iniciativas de pesquisa (diligências do empregador), sempre restará uma margem de incerteza. O risco de não contratar o indivíduo apropriado sempre existirá, nunca será reduzido a zero. Sabendo da impossibilidade da empresa de uma eliminação absoluta do grau de insegurança, o candidato tentará enviar os melhores sinais possíveis a fim de elevar suas chances de contratação. Por exemplo, ele poderá apresentar diplomas, históricos escolares, ressaltar a qualidade dos estabelecimentos educacionais frequentados, exibir antecedentes de empregos anteriores, expor cartas de referência etc. O empregador poderá, por sua vez, realizar testes, pesquisar os dados apresentados etc. Aspectos técnicos podem ser relativamente bem testados (não obstante, os testes representarem custos, como acabamos de mencionar). No entanto, a configuração da personalidade que pode ser importante para a produtividade é mais difícil de ser determinada *a priori*. Por exemplo, o postulante é pontual? É assíduo ou falta com frequência? É honesto? Podem os certificados, diplomas etc. reduzirem as incertezas relativas aos aspectos inerentes à personalidade do candidato, aspectos os quais fogem às suas qualificações técnicas? Essa possibilidade será analisada nos próximos parágrafos.

---

[44] No caso de os requisitos de diplomas estarem se elevando, mesmo que as competências necessárias para o desempenho em um posto não tenham mudado, pode ser a manifestação da deterioração na educação. Assim, se hoje se requer ter ensino médio completo para ocupar um posto que anos antes só tinha como condição o fundamental completo, pode ser o corolário de uma corrosão na qualidade.

b) Sinais e filtros

O processo de contratação, acabamos de ver, é uma interação entre sinais proporcionados pelo candidato e pesquisa realizada pelo empregador. Nesse contexto, a educação (anos de estudo, diplomas, qualidade das escolas frequentadas etc.) pode ser um sinal que os postulantes enviam para os empregadores e que estes demandam dos postulantes a fim de, dado o ambiente de informação assimétrica, reduzir a incerteza da firma e elevar as chances de ser contratado (Spence, 1973).[45]

Uma questão que pode ser colocada é: os sinais provenientes da educação esgotam as características desejadas para um posto de trabalho? Já mencionamos que outras facetas dos candidatos (assiduidade, responsabilidade etc.) podem, em princípio, ser valoradas pelo mercado e a pergunta seria: essas outras singularidades, podem ser transmitidas pelos atestados outorgados no sistema educativo. Suponhamos que desejamos ter uma ideia do senso de responsabilidade de um candidato. O diploma pode ser um sinal? A resposta a esta questão é positiva. Podemos deduzir que um indivíduo que logrou se formar em um estabelecimento escolar reconhecidamente exigente em termos de estudo, pontualidade etc. é responsável. Obviamente, não podemos ter total segurança, sempre existirá um risco que só poderá ser verificado no dia a dia do futuro empregado, mas o diploma, sem dúvida, pode ajudar a administrar esse risco (ou pode dar uma dimensão do risco que o empregador está assumindo).[46]

Nessa perspectiva, a educação é vista como um sinal que, em um mundo de informação imperfeita e com custos para obtê-la, ajuda a gerenciar riscos e reduzir potenciais despesas. Essa perspectiva teórica é muito próxima a outra que identifica a educação como um "filtro". Apresentada em um famoso *paper* de 1973 por Kenneth Arrow, Prêmio Nobel de Economia de 1972, a educação é vista como um processo

---

[45] Estamos falando de informação assimétrica porque o candidato a um emprego sabe mais sobre suas próprias características que o possível empregador.

[46] Os empregadores podem procurar outros sinais que não os atestados de educação ou os antecedentes no mundo do trabalho. A forma de procurar esses sinais pode ser sutil. Por exemplo, pode-se perguntar a um candidato se ele tem algum animal de estimação em sua casa ou se ele participa ativamente de alguma ONG. Em realidade, o empregador tem interesse limitado na existência ou não de animais na casa do postulante, mas acredita que, mediante essa informação, ele pode identificar um perfil de personalidade que lhe interessa.

3. A Educação como Filtro ou Sinal

que vai filtrando ("peneirando") as pessoas de acordo com suas qualidades/capacidades. Assim, de um indivíduo que possui um doutorado em Física pelo MIT (Massachusetts Institute of Technology), uma das universidades mais conceituadas do mundo, alguém pode deduzir: ele é inteligente, deve ter disciplina, responsabilidade etc. O diploma de doutorado nessa escola representa (é um sinal) diversas qualidades que o mercado valora. Essas qualidades podem ser deduzidas devido ao processo de educação funcionar como um "filtro" dos indivíduos em suas diversas etapas. Assim, de uma pessoa que apresenta um diploma de nível médio completo, o mercado deduz dado nível de habilidades e várias incertezas sobre dimensões tais como esforço, ambição etc. Para dado nível de escolaridade, possuir um diploma em escolas mais conceituadas emitiria "melhores sinais" que o mesmo certificado em estabelecimentos menos exigentes.

No caso de o diploma ser assumido como um sinal, os desdobramentos em termos de interação sistema escolar/mercado são de diversas ordens, e em todos os casos com impactos não negligenciáveis. Vamos abordar cada um dos desdobramentos/impactos com certo detalhe.

c) A inflação de diplomas e a questão da educação relativa

No caso de os diplomas e certificados serem vistos como credenciais que transmitem informação e elevam as chances de ser empregados e/ou influenciam no nível dos salários, as pessoas tenderão a acumular essas credenciais, desencadeando um processo que, na literatura, se conhece como "inflação de diplomas". Na concorrência do mercado de trabalho, cada candidato tentará posicionar-se da melhor forma possível, sendo a acumulação de "credenciais" uma forma de diferenciação em relação aos demais aspirantes. Aqui surgem vários elementos a serem ponderados.

O primeiro diz respeito à variável a considerar: educação absoluta ou educação relativa? Educação absoluta diz respeito ao nível máximo atingido, por exemplo, ensino médio completo. A educação relativa faz referência ao posicionamento com respeito aos demais. Nesse sentido, no Brasil dos anos 1950, ter educação de segundo grau completo talvez viabilizasse ocupar os postos de trabalho de elite.

Hoje, ser candidato com alguma chance de ocupar bons postos de trabalho requer ensino superior completo. Uma análise similar pode ser realizada entre países. Ter finalizado um curso universitário pode ser um passaporte para integrar o núcleo duro do mercado de trabalho em um país pobre. Já em uma economia desenvolvida, o destaque proporcionado pelo diploma de ensino superior será bem menor (no caso de existir alguma notoriedade).

Obviamente, a acumulação de credenciais diz respeito à quantidade e qualidade. A reputação da escola frequentada transmite informação. Essa reputação pode ter sua origem no ensino transmitido, ou pela disciplina requerida para entrar e/ou aprovar os estudos etc. como pelo meio social dos que frequentam o estabelecimento e as relações pessoais, valores, formas de conduta, atitudes etc. requeridas para entrar e se formar em determinadas escolas. Tomemos o caso dos EUA, um país que tem um disseminado sistema de estabelecimentos de ensino superior. Pode ser relevante (em termos de retornos econômicos) ter um diploma de ensino superior, mas o retorno real vai depender da instituição na qual o diploma foi obtido. Ter se diplomado nas prestigiosas universidades da costa leste (Harvard, Columbia, Yale etc.) ou da costa oeste (Standford, Berkeley etc.) transmite um sinal superior ao transmitido no caso de se ter instruído em uma *college* do interior do país. Tomemos o caso da França. Depois das grandes rebeliões do ano de 1968 e as demandas por maior oferta pública e gratuita de vagas no ensino superior, esse país apresentou massificação das universidades. Concomitantemente a esse processo, o sistema de ensino superior se diferenciou, com estabelecimentos adotando critérios bem mais rígidos de admissão e formando uma elite bem definida (as *Grandes Écoles* — grandes escolas) e outros de fácil acesso, praticamente franqueados a todos que desejem ingressar.

Ou seja, a experiência pela qual transitaram os países que hoje observam níveis de educação elevados e a cobertura do sistema escolar que abrange extensas franjas da população, induz a pensar que a estratificação do arranjo institucional parece ser a norma. Desde a perspectiva teórica que associa a educação a um conjunto de sinais, essa ordenação seria inevitável, uma vez que, em um sistema homogêneo e massivo no qual não se pudessem fazer distinções, o ensino careceria de sentido. Em outros termos, se todo o mundo tem as mesmas credenciais, a situação é idêntica a outra na qual ninguém as possui. Nessas circunstâncias, o mercado deveria encontrar alternativas para particularizar as singularidades que valora.

d) O que o mercado valora?

Depois do arcabouço teórico desenvolvido no capítulo anterior e no transcurso deste, a pergunta preliminar ("O que o mercado valora?") parece quase extravagante e a resposta, evidente: o mercado valoraria domínios técnicos dos indivíduos e atributos pessoas tais como autonomia, disciplina, pontualidade etc. Mas como o empregador tentaria identificar esses atributos em um contexto de informação nem sempre nítida? Mediante testes, pesquisas de antecedentes e sinais dados pelas credenciais escolares. Detenhamo-nos neste último aspecto.

Imaginemos a seguinte situação, que não é distante da realidade: um jovem egresso do ITA (Instituto Tecnológico da Aeronáutica, uma das melhores universidades do país) se apresenta a uma vaga no centro financeiro de São Paulo. Ele concorre com um economista, oriundo de um centro acadêmico médio. Em princípio, e com uma certa dose de realismo, admitamos que o egresso do ITA nunca tenha tido contato com disciplinas econômicas e financeiras, estando o núcleo de sua formação limitado a disciplinas matemáticas e correlatas. Contrariamente, no caso do jovem economista, sua formação esteve intrinsecamente associada a um currículo econômico-financeiro. Em princípio, deveríamos esperar que as chances de este último ser contratado seriam maiores, e muito maiores, no caso do economista, uma vez que ele teria um perfil de conhecimentos técnicos (CHE — Capital Humano Específico, ver Capítulo I) mais apropriado ao requerido pelo posto de trabalho. Contudo, muito provavelmente as chances da contratação serão mais favoráveis ao formado no ITA. Mas assumamos que os dois tenham as mesmas chances. Só essa possibilidade já nos deve chamar a atenção. Por que um engenheiro formado em um instituto mais relacionado com especialidades distantes da economia (como engenheira eletrônica, engenheira aeroespacial etc.) está, na prática, em condições iguais (senão melhores) de concorrer com um formado em disciplinas específicas à vaga disponível?

Vamos tentar responder a esta pergunta a partir de outra: o que um empregador está "comprando" quando oferece uma vaga? Conhecimentos específicos, gerais ou certas características pessoais? Certamente não são conhecimentos específicos (CHE), pois, nesse caso, não existiria disputa entre um engenheiro do ITA e um economista para uma vaga no sistema financeiro. Um diploma no ITA está enviando um sinal específico mais relacionado às qualidades pessoais que sobre proficiências particulares. Concretamente, para que um indivíduo se forme no ITA há forte exigência com respeito à disciplina, capacidade de raciocínio lógico, força de vontade etc. Não estamos falando que o economista não possua essas qualidades, mas o diploma do engenheiro está enviando melhores sinais sobre elas.

Mas, e as destrezas específicas requeridas para as tarefas do dia a dia? O empregador responderia: aprende. Justamente, aqui, devemos direcionar nossas atenções sobre a diferença de um aspecto que já abordamos no capítulo anterior: a distinção entre o CHG e o CHE. A qualificação requerida pelos fazeres cotidianos podem ser rapidamente internalizadas no caso de a pessoa ter um elevado CHG. Mais ainda, se supomos que essas tarefas podem requerer um grau de flexibilidade elevado ou uma rápida capacidade para se adaptar a mudanças no contexto, quanto mais sofisticado for o CHG, maior será a atratividade de sua formação. Moura Castro (1990) ilustra esse fato com um pouco de história sobre os cursos e formações que proporcionam essa flexibilidade. Esse autor lembra que, no começo do século XX, uma família que pretendia favorecer uma ampla formação a seus filhos enviava-os a uma escola de padres, os conhecidos seminários. Mesmo que suas convicções religiosas não fossem próximas às proporcionadas por esses estabelecimentos, o que se estava buscando era a aquisição de CHG, acumulação que poderia ser feita mediante o estudo de Teologia. Hoje, o mundo mudou, e cursos como Engenheira, Física, Matemática, Estatística etc. parecem proporcionar, de modo mais eficiente, um perfil profissional capaz de dialogar com um amplo abanico de postos de trabalho. Assim, é factível observar engenheiros, físicos e matemáticos ocupando posições que, à primeira vista, não parecem ter harmonia com a formação que foi o núcleo de sua instrução acadêmica.[47]

Em realidade, existe consenso sobre a necessária flexibilidade e polivalência na formação. A controvérsia pode ter como eixo a dúvida sobre o perfil do currículo que proporciona essas características. Uma formação geral em diversas disciplinas, ainda que intuitivamente pareça ser a trilha a percorrer, não é exatamente a mais adequada. Contrariamente, especialidades que requerem capacidade de raciocínio lógico, concentração, disciplina etc. em áreas bem concretas, parecem desenvolver aptidões que propiciam a versatilidade requerida.

e) Treinamento no posto de trabalho (On-the-job training)

Temos, assim, que a escolha do indivíduo com credenciais de possuir um sofisticado CHG permite reduzir os custos de treinamento e os desembolsos requeridos na hipótese de alterações exigidas por mudanças do contexto.

O relevante, portanto, seria o treinamento (ou o custo do treinamento) no posto de trabalho (*on-the-job training*). O sistema escolar teria de proporcionar o CHG que possibilite minimizar os custos das habilidades relevantes para as tarefas do dia a dia. Nesse sentido, um físico teórico (com diploma em uma escola apropriada que envie o "sinal" adequado) pode ser um indivíduo contratado para vagas que, em princípio, parecem bem distantes de sua formação específica.

Essa formação, que outorga flexibilidade e polivalência, seria particularmente pertinente em contexto de rápidas mudanças tecnológicas e organizacionais, como o que caracteriza o mundo neste começo de século. Por outra parte, na medida em que a educação é um investimento de longuíssimo prazo (ver Capítulo I), que geralmente se realiza na juventude, o mesmo deve ser capaz de proporcionar "empregabilidade" ao indivíduo, ao longo de sua vida ativa, que, hoje, se pode prolongar além dos 65 anos. A rotatividade entre firmas (e mesmo entre postos de

---

[47] Justamente, o debate sobre a falta de engenheiros no Brasil, muitas vezes, é identificado como uma demanda por essa formação para postos de trabalho (finanças, administração etc.) não vinculados com tarefas que seriam próprias da profissão.

trabalho dentro da própria empresa) requererá sucessivos treinamentos específicos, que serão realizados na vaga ocupada (*on-the-job*). Porém, as possibilidades de realizar essa reciclagem e/ou os custos da mesma serão determinados, em grande medida, pelo perfil de formação realizado na juventude. O diploma, que acompanhará o indivíduo por toda sua vida, pode ser o "sinal" que transmite, ao mercado, sua capacidade de adaptação ou sua flexibilidade funcional.

f) Qual é a origem do que a educação filtra?

Na perspectiva teórica que estamos apresentando, a educação, como vimos, seria um processo que iria "filtrando" ou "peneirando" indivíduos segundo certas aptidões, conhecimentos, profundidade mais refinamento dos mesmos e feições de caráter (disciplina, pontualidade etc.). Assim, um indivíduo com doutorado em engenharia nuclear teria capacidade de raciocínio e disciplina superiores àquele com um diploma somente de graduação que, por sua vez, teria esses atributos mais requintados que um indivíduo apenas com o ensino médio completo. Observemos que, nesta linha de raciocínio, a educação não forma nem contribui para a firmação desses traços, senão que, simplesmente, permite revelar-lhes mediante a credencial que outorga.

A questão que se coloca é: qual seria a origem desses atributos? A resposta não parece muito clara na literatura. Mas, sem dúvida, estariam fora do sistema escolar, uma vez que este meramente revela. Nesse sentido, só podemos imaginar duas fontes.

Uma delas é a genética, e retornamos a um ponto já parcialmente tratado na Seção 2 deste capítulo. Cada indivíduo teria herdado um determinado perfil genético, que seria o responsável por suas características produtivas (a configuração de personalidade que será valorada no mercado). Como estamos diante de um determinismo genético, nem a economia nem a pedagogia teriam maiores reflexões a realizar sobre o assunto. A distribuição dos rendimentos e a estrutura econômico-social seriam reflexo de atributos naturais. Não obstante, determinadas posições públicas em certas ocasiões (ver, nesse sentido, a afirmação do prefeito de Londres mencionada no início deste capítulo), supor que a configuração econômico e social é determinada pela genética além de não se sustentar empiricamente (por exemplo, inúmeras pesquisas sobre mobilidade social mostram a possibilidade e a ocorrência da mesma — Pastore, 1979; Pastore e Zylberstajn, 1996), desdobra em aspectos éticos que interditam sua aceitação.

A outra fonte que tem sua origem nos atributos que as credenciais escolares tenderiam a revelar (e voltamos a enfatizar que, para esta corrente, a escola revela, mas não forma) pode ser proveniente da família ou, em termos mais amplos, do ambiente socioeconômico que a família integra. Se a capacidade cognitiva é constituída na primeira infância, e traços da personalidade são moldados no lar, no convívio com a família e o meio social, posteriormente, o "filtro" do sistema escolar revelaria essas características. Não as delinearia, o "filtro" vai, simplesmente, revelar o que estaria latente em cada indivíduo, sendo, literalmente, o berço, a raiz da individualidade valorada.

A Teoria do Filtro (ou seja, a teoria que visualiza a educação como um filtro que vai "peneirando" os indivíduos) tem diversas potencialidades para explicar certos fenômenos e muitas restrições.

5. Potencialidades e Limitações da Educação Assumida como Filtro

a) A importância da educação relativa

Comecemos direcionando nossa atenção a um fenômeno suscetível de ser compreendido por este marco teórico.

Hoje, o sistema escolar em seu conjunto (escolarização formal até a pós-graduação e cursos informais) é, por muitos, assumido como um espaço para a acumulação de credenciais (diplomas, certificados etc.). Em termos da TCH, esse acréscimo de "atestados" carece de relevância se não for a manifestação ou a sinalização de um armazenamento de habilidades, proficiências etc. Não teria sentido aglutinar diplomas e certificados sem um correspondente aumento na capacidade cognitiva ou nas habilidades não cognitivas requeridas para o desenvolvimento de certas tarefas. Em outros termos, a lógica induz a supor que o sinal é a manifestação de alguma grandeza que existe. As abordagens que visualizam a educação como sinal permitem chegar a compreender melhor a necessidade de, individualmente, somar credenciais, mesmo sem a correspondente elevação nas proficiências. Em um mundo de informação imperfeita, os sinais são relevantes e careceria de eficiência elevar a capacidade cognitiva sem um correspondente "sinal" que ateste o mesmo. Por exemplo, se duas pessoas, uma com um sinal (diploma, por exemplo) e outra sem, mesmo que esse sinal seja meramente simbólico, vazio de conteúdo, concorrem por uma vaga disponível, muito provavelmente o indivíduo que possui sinal (diploma) terá maiores chances de ser contratado.

Ou seja, a "inflação de diplomas" pode ser entendida a partir da Teoria do Filtro ou do "Sinal". Nesse contexto, mais que a educação absoluta é relevante a educação relativa, os sinais acumulados por cada indivíduo com respeito a seus concorrentes. Hoje, no cotidiano, observamos as pessoas acumulando atestados, diplomas, certificados etc. para se posicionarem concorrencialmente diante de outros aspirantes. Fica a dúvida se o mais relevante para o mercado é o conteúdo ou a forma ou, desde outra perspectiva, se o transcendente é a substância do apreendido ou o sinal que exterioriza uma suposta apropriação de habilidades, conhecimentos etc. Esse fenômeno pode ser sinteticamente bem expresso em frases que escutamos no cotidiano: "Sem o diploma de ensino médio hoje...".

Mas, por outro lado, se o sistema escolar "peneira" habilidades, capacidades, atitudes etc., mas não contribui para sua gênese, uma população com mais anos de estudo não seria um fator que contribui para o crescimento econômico. Este é um aspecto que trataremos com particular detalhe no Capítulo IV, quando abordaremos os vínculos entre educação e desenvolvimento, mas devemos, marginalmente, mencionar esse aspecto agora. Se, como sustenta a TCH, mais educação corresponde a maior produtividade, a renda de um país estaria estreitamente associada aos anos de estudo de sua força de trabalho. Nessa perspectiva, a educação pode ser assemelhada à acumulação de um bem qualquer (máquinas, estradas, portos etc.) em sua contribuição ao crescimento econômico. Contudo, no caso do sistema escolar ser unicamente iden-

5. Potencialidades e Limitações da Educação Assumida como Filtro

tificado como uma "peneira" que revela mas não gera habilidades, agregar educação pode ser interessante desde um ponto de vista individual (elevar as chances de um indivíduo ocupar um dado posto de trabalho), mas não do ponto de vista social, uma vez que nada acrescenta. Como, em geral, existe certo consenso que uma força de trabalho com mais anos de estudo pode ser um elemento diferenciador na trajetória do crescimento de longo prazo, o reducionismo em limitar a educação a um simples sistema de "sinais" não parece promissor quando o objetivo é pesquisar a concatenação entre educação e desenvolvimento.

Por outra parte, devemos perceber que o sistema escolar associado a um simples "filtro" que possibilita enviar sinais nos reenvia a identificar em outros espaços as raízes dos sinais (família, ambiente, carga genética etc.). Nesse contexto, a estratificação social seria extremamente rígida, fato que, como salientamos, não ocorre. Períodos históricos são muitas vezes propícios para alterações na estrutura social e o Brasil não foge à generalidade, sendo a educação uma variável explicativa nos processos de mobilidade entre grupos (ver a bibliografia já citada de Pastore, 1979; Pastore e Zylberstajn, 1996).

b) A educação invisível

Se o sistema escolar "peneira" e é um sistema de produção de sinais, os atestados que emite deveriam ser o único parâmetro relevante. Porém, mesmo no âmbito da TCH, quando pretendemos pesquisar as habilidades agregadas em uma sociedade, tomamos pesquisas que levantam níveis de educação máxima atingida. Assim, no Brasil, os intervalos podem ser fundamental incompleto, fundamental completo etc.[48] Podemos transformar esses intervalos em anos de estudo equivalentes, transposição que serve, por exemplo, para fazer comparações internacionais ou para representar a relação entre rendimentos e anos de estudo (ver Gráfico 1 no Capítulo I). Em todos os casos, estamos associando a educação adquirida a alguma frequência no sistema escolar formal ou à obtenção de um diploma (como no caso do estágio atingido ser o segundo grau completo).

---

[48] Esses intervalos são comuns nas bases de dados mais utilizadas para a pesquisa empírica, como a RAIS (Relação Anual de Informações Sociais) ou a PNAD (Pesquisa Nacional por Amostra de Domicílios).

Contudo, existe uma série de instituições ou de formas para adquirir capital humano que não têm como raiz o sistema escolar formal ou não se traduzem em diplomas ou atestados. Vamos apresentar vários exemplos para ilustrar a amplitude que essa "invisibilidade" pode chegar a ter.

Assumamos uma pessoa que frequentou um curso de inglês e domina esse idioma. Mesmo que ela tenha um certificado, quando são levantadas informações para as pesquisas contarão os anos de estudo realizados no sistema convencional. Assim, na contabilização do CH, seriam equivalentes um jovem com ensino médio completo que só domina o português como língua e um outro que, paralelamente ao atestado do ensino médio, domina o português e o inglês. Uma vez que o domínio deste idioma (inglês) é reconhecido (remunerado) no mercado, não estaríamos contabilizando parte do CH.

Um outro exemplo de educação invisível diz respeito aos cursos que são realizados para ascender aos empregos no Estado via concurso público. Muitos dos candidatos realizam cursos ou estudam de forma individual, teoricamente acumulando conhecimentos e habilidades que não são contabilizados nas pesquisas domiciliares (como a PNAD) ou nos registros administrativos (como a RAIS). Assim, estamos diante de uma subestimação do CH, uma vez que essa educação oculta é de difícil contabilização.

Por último, uma outra ilustração de educação invisível percorre caminhos mais tortuosos e podemos identificar duas possibilidades.

A primeira diz respeito a uma perspectiva que já mencionamos em diversas oportunidades, seja neste capítulo ou no anterior. Não podemos reduzir o sistema de agregação de conhecimentos, habilidades etc. ao sistema escolar, cursos particulares etc., uma vez que a experiência no próprio emprego (*on-the-job learning*) acrescenta proficiências e mesmo incorpora atributos que são fonte de produtividade. Contudo, essa possibilidade de ganhos de CH (especialmente de CHE) depende de vários fatores, dois dos quais são especialmente importantes: a durabilidade do vínculo empregatício e a rotatividade entre profissões.

5. Potencialidades e Limitações da Educação Assumida como Filtro

O horizonte médio do vínculo com o empregador será um aspecto primordial para determinar em que medida a experiência no posto de trabalho ou na firma pode agregar aprimoramentos nas capacidades. Horizontes longos são propícios para o investimento financeiro (seja do empregador, seja do empregado) uma vez que os torna rentáveis. Contrariamente, fronteiras próximas ou, em outros termos, elevadas rotatividades, não são ambientes apropriados para investir recursos, esforços e tempo em tarefas cuja maturidade pode estar comprometida pelo rompimento do vínculo. No caso específico do Brasil, a duração média de um vínculo formal (regulado pela CLT — Consolidação das Leis do Trabalho) é de pouco mais de três anos.[49] Essa perspectiva temporal é muito breve para rentabilizar investimentos, fato que compromete a perspectiva de uma trajetória de crescimento profissional.[50] No extremo oposto ao Brasil temos os grandes conglomerados no Japão, onde um indivíduo é contratado jovem, quase concomitantemente a sua saída do sistema escolar, e muito provavelmente finalizará sua vida ativa como empregado do mesmo empregador. Com um horizonte temporal dessa magnitude, os investimentos em qualificação serão rentáveis. Dessa forma, um estoque de força de trabalho com os mesmos anos de estudo obtidos no sistema escolar formal pode ocultar graus de habilidades muito diferentes, conforme a acumulação de competências em sua trajetória profissional. Esses ganhos, no transcurso da vida ativa, vão ser muito dependentes pelo limiar do vínculo empregatício.

A segunda possibilidade vincula o percurso na vida ativa à educação invisível. Paralelamente à rotatividade entre empregadores, temos de avaliar a rotatividade entre profissões. Permanecer amplos períodos (talvez a vida ativa toda) em uma mesma profissão faculta uma acumulação de experiência (o denominado *savoir-faire*) que, certamente, vai se traduzir em maior produtividade. Rotar entre ofícios reduz a possi-

---

[49] Fonte: RAIS.

[50] Naturalmente, a pergunta a responder seria: por que no Brasil os vínculos trabalhistas exibem um horizonte tão próximo? Responder a essa questão ultrapassa nossos objetivos neste livro, uma vez que deveríamos discutir a formatação legal/institucional que regula as relações capital–trabalho no país. O leitor interessado pode consultar Ramos (2012).

bilidade de adicionar conhecimentos no transcorrer dos anos.[51] Assim, de forma similar ao que assinalamos no parágrafo anterior, dois países podem ter o mesmo nível de escolaridade formal, mas a rotatividade entre ofícios pode diferir, tendo como correlato uma força de trabalho com diferentes patamares de destreza.

c) A qualidade da educação

Como acabamos de analisar, a denominada educação invisível pode introduzir um elemento que dificulta a comparação entre a qualidade da força de trabalho de dois países, ou até, no mesmo país, em dois momentos do tempo. Contudo, os limites à confrontação entre espaços (países, estados, regiões etc.) ou dentro do mesmo espaço no tempo não estão restritos unicamente pela educação invisível. Geralmente, quando são realizadas comparações internacionais para avaliar a colocação de um país em termos de educação, historicamente, o candidato natural é um parâmetro que reflete os anos de estudo ou alguma variável próxima (x% da força de trabalho tem ensino médio completo, por exemplo). Todavia, a unidade de medida (anos de estudo ou nível máximo atingido) tem de ser comparável. Em outros termos, se pretendemos contrapor a destreza da força de trabalho do Brasil entre 1950 e 2014 e utilizamos como critério o percentual da população com ensino médio completo (uma credencial), implicitamente estamos supondo que essa referência permanece inalterada no tempo. Ou ainda, que a credencial serve de unidade de mensuração na medida em que é invariável no tempo. No caso de uma pessoa com ensino médio completo revelar distintos graus de capacidade cognitiva, destreza etc. entre esses dois pontos do tempo, a comparação deixa de ser válida. Ou seja, estamos comparando magnitudes incomparáveis, unidades de medida diferentes. Seria o mesmo que confrontar a temperatura de dois países, uma delas medida em graus Celsius e outra em graus Fahrenheit.

Se assumirmos que a educação é um filtro ou um sinal, a questão da qualidade não é relevante. O primordial seria, como já sustentamos, a

---

[51] Observemos que, analiticamente, existe uma diferença entre a rotatividade entre empregadores e a rotatividade entre profissões. Pode existir elevada rotatividade entre empregadores, mas o ofício exercido em cada posto de trabalho permanece.

5. Potencialidades e Limitações da Educação Assumida como Filtro 75

educação relativa e não a educação absoluta. Por exemplo, para um indivíduo com ensino médio completo, a indagação relevante seria: qual é sua posição com respeito à educação média da população? Contudo, no caso de a educação absoluta ser o fator preponderante (como sugere a TCH), a qualidade é crucial. Mas ainda, o indicador primordial seria a qualidade e não mais a quantidade ou a posição relativa. O transcendente consiste em determinar a capacidade cognitiva de um trabalhador, sua proficiência em determinado ofício etc. e não os anos de estudo acumulados que esse patamar alcançado demandou.[52]

Assim, assumir que a educação não é mero processo que filtra ou um sistema que facilita acumular credenciais para emitir sinais, senão, contrariamente, uma construção institucional que transmite e aprimora conhecimentos e habilidades, implica colocar a questão da qualidade em primeiro plano. Por outra parte, no caso de o Estado alocar recursos públicos à educação, só se justifica quando a educação é assumida como instância de agregação de erudição, instrução e cultura. Caberia perguntar-se em que medida existiriam justificativas econômicas (e até éticas) para a alocação de recursos públicos para um sistema que seria uma mera distribuição de credenciais.

Porém, se a educação é assumida como um encadeamento de ações que agregam conhecimento, habilidades e capacidades, em algum momento, a questão da qualidade deve ser introduzida. Monitorar quantos alunos foram formados em tal ciclo ou calcular os anos médios de estudo deixa de ser um indicador relevante como balizador de políticas e como critério comparativo. Testes de qualidade se impõem. Hoje, proliferam no mundo provas para qualificar os alunos, manifestando que, ao menos para os governos e organismos internacionais, a qualidade seria a variável relevante. O destaque, que nos últimos anos vem adquirindo a qualidade da educação, pode ser vislumbrado pela multiplicação de testes, provas, exames etc. implementados por instituições como a OCDE, o Banco Mundial, organizações da sociedade civil, além dos levados adiante por estados nacionais e subnacionais (estados e municípios). A maioria das pesquisas sobre qualidade se superpõem

---

[52] Em realidade, perguntar-se em quantos anos um sistema educativo logrou acumular determinado nível de habilidades ou domínios diz respeito à eficiência (eficiência temporal) do processo.

(avaliam as mesmas dimensões em um mesmo público no mesmo espaço do tempo) e não dialogam entre sim.[53] As políticas de Estado chegam a estabelecer metas de resultado em função tanto de parâmetros quantitativos quanto qualitativos. Por exemplo, o Plano Nacional de Educação (PNE 2014–2024) tem metas quantitativas — até 2016, todas as crianças de quatro a cinco anos de idade devem estar matriculadas na pré-escola; até o último ano de vigência do PNE (2024), toda a população de seis a 14 anos deve ser matriculada no ensino fundamental de nove anos, e pelo menos 95% dos alunos devem concluir essa etapa na idade recomendada etc., mas também qualitativas — atingir, progressivamente, as seguintes médias nacionais para o Ideb, até 2021: para os anos iniciais do ensino fundamental, 6,0; para os anos finais do ensino fundamental, 5,5; para o ensino médio, 5,2.[54]

A questão da qualidade educacional tornou-se tão relevante como indicador de competitividade, que não é raro atribuir a falta de competitividade da economia brasileira tanto à defasagem quantitativa quanto qualitativa com respeito a nossos concorrentes nos mercados mundiais (Menezes Filho, 2010). No Global Competitiveness Report 2013–2014, sobre 148 países pesquisados, o Brasil situa-se na 89ª posição no quesito Saúde e Educação Primária, e na 72ª posição quando o item pesquisado é Educação Superior e Capacitação.[55]

O dilema (ou o mix) da quantidade/qualidade da educação é uma questão em aberto. Em termos teóricos, a TCH arguiria que o relevante seria a qualidade, no sentido da acumulação de saberes, proficiências, habilidades etc. de um indivíduo ou de uma população. Mesmo em um mundo de informação imperfeita ou com custos para obter essa informação, os sinais podem cumprir um papel, mas o crucial seria o desenvolvimento das aptidões, capacidades etc. Essa perspectiva parece coerente e adequada, especialmente se consideramos as relações de causalidade imaginada nessa perspectiva analítica (educação → pro-

---

[53] Um breve resumo da história da avaliação e as práticas no Brasil pode ser encontrado no anexo que acompanha este capítulo.

[54] O Ideb é o Índice de Desenvolvimento da Educação Básica. Ver anexo.

[55] O Índice de Competitividade é elaborado no Brasil pela Fundação Dom Cabral para o *World Economic Forum*. Disponível em: <http://zip.net/bvqtnx>.

dutividade → rendimentos). Sinais (diplomas, atestados, certificados etc.) vazios de conteúdo não poderiam ser fonte de produtividade. Esse olhar, contudo, não parece compatível com a vivência cotidiana, na qual é corriqueiro observar a procura por sinais mais que conteúdos, como seria o caso de alunos mais inquietos com a menção do que com a aprendizagem. A educação relativa aparenta ser uma preocupação constante hoje. Objetivos restritos à acumulação de credenciais para estar melhor posicionado no mercado não são posturas marginais ou exóticas. No outro extremo, pode-se imaginar que, se a relação educação–produtividade tem alguma dose de realismo, a acumulação de credenciais vazias de conteúdo pode até ser uma estratégia individual que tenha possibilidade de algum retorno, mas, desde o prisma de um país, a inflação de diplomas sem a correspondente densidade cognitiva e de destrezas dificilmente terá recompensas para o conjunto.

> **Educação (Quantidade e Qualidade) e os Concursos Públicos**
>
> Muitos indivíduos procuram credenciais exclusivamente para preencher um requisito estabelecido nos concursos públicos. Essa procura da "credencial" sem muita preocupação com o conteúdo não seria uma contradição levando em conta o filtro, muitas vezes exigente, da prova e da acirrada concorrência? Em realidade, não. A racionalidade seria mais ou menos a seguinte. Obtida a credencial, não importa sua natureza (basta ter reconhecimento oficial), uma vez que muitos concursos requerem diploma (de ensino superior, por exemplo) sem especificar área, o candidato frequenta um cursinho no qual pretende adquirir os conhecimentos específicos exigidos pela chamada. Dessa forma, temos um exemplo evidente de uma situação na qual o contexto induz a uma racionalidade que leva o indivíduo a não estar muito apreensivo com a qualidade do estabelecimento ou do curso, uma vez que o perfil de formação específico pretende ser adquirido a posteriori, em um curso de curta duração.

5. A Educação Determina a Produtividade ou a Produtividade é Delimitada pelo Posto de Trabalho?

Reparemos que, no transcurso de todos os desenvolvimentos teóricos apresentados no capítulo anterior e neste, a determinação da produtividade era de exclusiva responsabilidade do indivíduo. Maior nível de educação redundaria em maiores habilidades, qualificação, perícia etc., das quais fluiria maior produtividade, que seria reconhecida no mercado mediante maiores rendimentos. Temos assim, uma ordem de causalidade: características do indivíduo → rendimentos.

Mas será que essa responsabilidade não poderia ser rediscutida e não ser assumida como um axioma que dispensa explicação? Tomemos como exemplo uma ampla gama de empregos, nos quais as tarefas no posto de trabalho estão mais ou menos preestabelecidas e dependem pouco das iniciativas e das qualificações de quem o ocupa. Esse arquétipo de posto de trabalho pode ser encontrado em uma loja de venda das grandes cadeias de fast-food, em um caixa de supermercado ou, até, na organização fordista de uma grande unidade de produção. Em todos os casos, os horários, o ritmo de trabalho, o equipamento mediante o qual será realizado o serviço etc. são preestabelecidos, delimitados no momento de definir o projeto de investimento. O perfil do indivíduo que venha a ocupar essa vaga terá impacto secundário na produtividade. Ou seja, não serão os atributos do trabalhador que definirão a produtividade. Em termos um tanto simples, mas que, consideramos, transmite bem a ideia que estamos apresentando, no caso de se tratar de uma vaga cuja finalidade é fritar hambúrguer em uma cadeia de fast-food, dificilmente a produtividade se alterará se o assalariado tiver ou não curso superior. Será a organização interna das tarefas e a demanda que determinará a quantidade de hambúrgueres/hora ou hambúrgueres/dia que essa pessoa fritará. A educação ou formação do trabalhador terá papel secundário no intervalo de variação da oferta de hambúrgueres.

Temos assim, que não é o indivíduo que determina a produtividade. Sua fonte é determinada pelo posto de trabalho (Thurow, 1975). Contudo, todo marco analítico deve ajudar a realizar uma compreensão de algum fenômeno. Neste caso, estamos lidando com a origem da produtividade e as teorias que vínhamos apresentando (seja a TCH, seja a da educação como Filtro ou Sinal) tinham uma explicação pertinente para a relação entre educação e rendimentos: em todas as economias do mundo essa relação (mais educação, mais rendimentos), com lógicas particularidades, se verifica. A pergunta mais ou menos natural é: como a abordagem que entende o posto de trabalho como

5. A Educação Determina a Produtividade

origem da produtividade explica a relação positiva entre educação e rendimentos?

Aqui, voltamos a encontrar duas categorias que já mencionamos anteriormente: a educação relativa e o treinamento no posto de trabalho (*on-the-job training*). Busquemos a articulação dessas duas variáveis no arcabouço teórico que situa na singularidade do posto de trabalho, a origem última da produtividade.

A lógica que explicaria o processo seria a seguinte: feito um investimento, gera-se um posto de trabalho, iniciando-se uma disputa em torno do preenchimento dessa vaga. Suponhamos que essa concorrência seja representada por uma "fila" de candidatos para obter esse emprego. A educação relativa determinaria o lugar que cada postulante ocupará para preencher essa vaga. Quanto maior for a educação relativa, melhor será sua posição na hierarquia da fila. Observemos que o arcabouço teórico que estamos apresentando nos permite compreender a importância da educação relativa. Se um indivíduo tem, por exemplo, ensino médio completo em um contexto de analfabetismo generalizado (país pobre), sua posição na "fila" (sua educação relativa) teria como corolário maiores chances de ocupar essa vaga. Essa ordenação na estrutura da educação lhe permitiria ocupar os melhores postos de trabalho (com os conseguintes melhores salários). Se exatamente o mesmo indivíduo, com a mesma educação, fosse o candidato em um país de renda elevada, no qual a educação superior fosse massiva, seu diploma de ensino médio completo o relegaria a ocupar postos de trabalho de baixa qualidade (baixos salários). Ou seja, a relação educação–salários é agora explicada a partir da concorrência sobre a vaga aberta e a educação relativa.

Mas essa explicação ainda tem um ponto vulnerável. Por que um empregador contrataria o indivíduo com maior educação relativa, se poderia admitir um outro com menor educação na ordenação, oferecendo menor salário? Se a produtividade tem como origem o posto de trabalho, a conveniência em empregar um candidato com menor educação relativa e menor salário é evidente. Aqui temos de introduzir a variável sobre o treinamento no posto. A formação ou proficiência relevante para desempenhar as tarefas cotidianas requeridas na vaga aberta seria adquirida com treinamento ou experiência. A formação conquistada no sistema escolar seria quase irrelevante (exceto questões básicas, como leitura). Nesse sentido, o indivíduo com maior educação relativa seria aquele que teria menores custos de treinamento e/ou o que apreenderia as tarefas com maior rapidez. O nível de educação, nessas circunstâncias, é um valor relativo, um sinal sobre os custos e a rapidez do processo de aprendizagem. Maior educação relativa → menores custos ou menor tempo de treinamento.

Teríamos, assim, que o perfil do processo de investimento iria abrindo vagas, cuja produtividade está dada pelas características do próprio investimento. Quanto maior a produtividade, maiores seriam os salários que o empregador estaria disposto a pagar. Diante de cada vaga, é formada uma "fila" e as chances de contratação vêm dadas pela educação relativa. Um posto de trabalho de elevada qualidade/produtividade será primordialmente ocupado por indivíduos com notória educação relativa. Os demais, que não são admitidos, dirigirão seus esforços à procura de outros postos com menor qualidade (menores rendimentos) e assim por diante. Chegamos, dessa forma, a uma estrutura salarial hierarquizada segundo a educação, em que o relevante será a educação relativa e não a absoluta.

Esta perspectiva teórica nos permite compreender por que na década de 1950 no Brasil, por exemplo, um indivíduo com ensino médio completo ocupava postos de trabalho reconhecidos socialmente e com notórias vantagens econômicas (maior estabilidade, melhores salários, benefícios indiretos como aposentadoria especial etc.) e, hoje, um trabalhador, exatamente com a mesma titulação, só terá chances de preencher vagas de qualidade inferior. Na medida em que o nível educacional médio da força de trabalho elevou-se, o mesmo diploma manifesta características individuais distintas.

> ### Sobre-educação
>
> Se as chances de ocupar uma vaga estão diretamente associadas à educação relativa e não à absoluta, então podemos encontrar situações nas quais o assalariado está sobrequalificado com respeito ao perfil requerido pelas tarefas a serem desenvolvidas no cotidiano. Situações de sobre-educação também podem estar presentes em ambientes nos quais a educação é assumida como um sinal de características de cunho pessoal (iniciativa, capacidade de liderança etc.).
>
> A sobre-educação pode ser definida como a situação na qual o indvíduo ossui uma educação formal e/ou habilidades específicas que estão além das requeridas pela ocupação. Nessa definição não existe maior divergência. O desafio consiste em levar essa generalidade ao crivo dos dados ou, em outros termos, como tornar operacional essa definição para tentar identificar sua existência e quantificar a magnitude da sobre-educação. Várias são as possibilidades. Uma consiste em levantamentos nos quais pergunta-se ao próprio trabalhador. Outra alternativa consiste em calcular a educação média dos trabalhadores nessa ocupação e considerar sobre-educados aqueles que possuem um desvio padrão além da média. A sobre-educação pode estar referida tanto aos títulos acadêmicos quanto às habilidades específicas requeridas.
>
> A sobre-educação é um problema? A resposta é sim. Desde um ponto de vista individual, o trabalhador sente-se insatisfeito em suas atividades, insatisfação que pode ter desdobramentos na taxa de rotatividade, em sua atitude psicológica e, mesmo já empregado, ele desenvolve atividades de procura de outro emprego (on-the-job search). Em termos de recursos, a sobre-educação seria um desperdício financeiro, desde a perspectiva individual e mesmo coletiva.

6. Comentários Finais

A leitura deste capítulo nos permite perceber o amplo leque de variáveis que podem ser introduzidas em torno do raciocínio, aparentemente simples, que vincula educação com rendimentos via produtividade.

Sumariamente, encontramos duas nuances:

A primeira interpretação aceita essa ordem de causalidade (educação ⇨ produtividade ⇨ salários), mas, em torno de uma média, a variabilidade está influenciada por aspectos de difícil medição (capacidade de liderança, autonomia, iniciativa, aptidão para trabalho em equipe etc.). Sabemos que, no cotidiano, esses fatores são relevantes na hora da contratação e no desempenho depois de admitido, mas de difícil medição. As questões são: essas idiossincrasias são moldadas no sistema escolar? Surgem do ambiente familiar–social no qual a criança nasceu? Têm algum componente genético? Uma ampla gama de pesquisas realizadas com gêmeos monozigóticos induzem a concluir que a educação é relevante. Ou seja, que o mercado não está, por meio da educação, remunerando características pessoais que são importantes na organização de uma firma. Por outra parte, é este um ponto de particular relevância para a política pública. Ações na primeira infância, seja no seio da família, seja na creche e pré-escola, gerarão consequências que se manifestarão ao longo da vida de uma pessoa. Essas manifestações vão desde a performance acadêmica, o tipo de inserção no mercado de trabalho até comportamentos/normas de cidadania como o crime ou a delinquência.

A ênfase na capacidade de igualar as oportunidades do sistema escolar (ou, em geral, das políticas públicas) é um divisor de águas entre escolas de pensamento. Alguns depositam muitas esperanças nas possibilidades que um sistema de saúde, durante a gestação, cuidados sanitários na primeira infância e, posteriormente, a frequência na creche e na estrutura educacional formal de qualidade (ou, em outras palavras, um sistema educativo sem grandes diferenciações em termos de qualidade), tenderão a igualar as oportunidades. Outras correntes são mais pessimistas, uma vez que olham o sistema escolar como uma instituição estratificada socialmente, e que não só transmite conhecimentos técnicos, mas, também, atitudes, valores, visões de mundo etc., além de estabelecer redes de contatos. Dessa forma, segundo a origem social, a criança e o jovem frequentaram estabelecimentos que estão em harmonia com suas raízes. Nesse sentido, a estrutura social se reproduziria via o sistema educacional. As elites enviariam seus filhos a estabelecimentos que inculcam atitudes de mando, valores e gostos particulares etc., além, logicamente, de um conteúdo pedagógico sofisticado e moderno. Este pessimismo teórico não parece poder ser generalizável, uma vez que amplas pesquisas empíricas (no Brasil e no mundo) evidenciam a possibilidade de mobilidade social via sistema de ensino.

Contudo, com distintas gradações, todas essas escolas de pensamentos atribuem ao sistema escolar capacidade para influenciar o perfil de caráter e capacidade técnica dos indivíduos. Em outros termos, as instituições de ensino transmitem conteúdo. O relevante, a essência do

6. Comentários Finais

sistema escolar, seria o conteúdo que transmite de geração em geração. No longo prazo, o aprendizado nas instituições de ensino seria crucial para determinar a produtividade de um país e, todos os economistas concordam, a produtividade será o alicerce do nível de bem-estar de uma nação.

Essa visão é a clássica, sendo, contudo, extremamente frágil para ajudar a compreender por que a educação relativa adquire proeminência Por que os indivíduos alocam recursos financeiros e esforços na acumulação de atestados, diplomas, certificados etc. que, muitas vezes notoriamente, são vazios de conteúdo? As pessoas percebem que a educação é um sinal. As credenciais são assumidas como um instrumento para enviar sinais, como sendo a exibição de um perfil técnico e humano que tem valor no mercado. Esta é, justamente, uma nuance que, sem alterar a relação de causalidade ensino ⇨ produtividade ⇨ salários, problematiza o rol do sistema escolar. Mas, tomada em sua versão mais radical, para a qual o ensino simplesmente revela, "peneirando" os indivíduos, mas não forma, cabe a pergunta sobre a origem do que está filtrando (a herança genética? a herança do ambiente?). Esta corrente de pensamento é fértil, uma vez que é factível ensaiar hipóteses sobre por que os cidadãos estão tão interessados na acumulação de credenciais, e sobre as causas da relevância da educação relativa. Contudo, deixa um espaço vazio quando os esforços de reflexão estão direcionados para enxergar alguma racionalidade na qualidade da educação como sendo um aspecto relevante no desenvolvimento econômico e social das sociedades.

Por último, uma escola radicaliza o argumento e circunscreve a fonte de produtividade no posto de trabalho e não na educação. Esta só serviria como espaço de distribuição de credenciais e o relevante seria, outra vez, não a educação absoluta, senão a relativa. Em termos de política pública, se a produtividade é, em última instância, a fonte de bem-estar e ela tem sua origem no investimento e não no indivíduo (em sua educação), os gestores de política têm de centrar esforços no processo de investimento de capital físico e não de capital humano. Não seriam as pessoas o suporte da produtividade senão as máquinas, a organização da firma etc.

Vemos, assim, uma segmentação de paradigmas teóricos, cada um deles plausível para entender certas dinâmicas, mas frágil para abordar outras. Por exemplo, se pretendemos compreender a questão da educação relativa e da procura pela acumulação de credenciais sem preocupação com a qualidade, a TCH "pura e dura" não parece promissora. Cada uma das correntes que sintetizamos neste capítulo são válidas para explicar um fragmento de um universo multifacetado.

Bibliografia Citada

ARAUJO, A. (Org.) *Aprendizagem Infantil: uma abordagem da neurociência, economia e psicologia cognitiva*. Academia Brasileira de Ciências, 2011.

ARROW, K.J. Higher education as a filter. *Journal of Public Economics*, v. 2, n. 3, p. 193–216, 1973.

ASHENFELTER, O.; KRUEGER, A. Estimates of the Economic Return to Schooling from a New Sample of Twins. *The American Economic Review*, v. 84, n. 5, p. 1157–1173, Dec. 1994.

BARNETT, W.S. Benefits of Compensatory Preschool Education. *Journal of Human Resources*, v. 27, n. 2, p. 279–312, 1992.

_____. Long-Term Effects of Early Childhood Programs on Cognitive and School Outcomes. *Long-Term Outcomes of Early Childhood Programs*, v. 5, n. 3, Winter, 1995. Disponível em: <http://zip.net/bdqqkY>. Acesso em: 15 mar. 2015.

BECKER, G.S. *The Economics of Discrimination*. University of Chicago Press, 1971.

BIDDLE, J. E.; HAMERMESH, D. S. Beauty, Productivity, and Discrimination: Lawyers' Looks and Lucre. *Journal of Labor Economics*, v. 16, n. 1, p. 172–201, 1998.

BOWLES, S. Schooling and Inequality from Generation to Generation. *Journal of Political Economy*, v. 80, n. 3, p. 252–255, May–June 1972.

_____; GINTIS, H. The Problem with Human Capital Theory: A Marxian Critique. *American Economic Review*, v. 65, n. 2, p. 74–82, May 1975.

_____; Osborne, M. The Determinants of Earnings: A Behavioral Approach. *Journal of Economic Literature*, v. 39, n. 4, p. 1137–1176, 2001.

6. Comentários Finais

CARD, D. The Causal Effect of Education on Earnings. *Handbook of Labor Economics*, v. 3, Elsevier, 1999.

CAWLEY, J. The Impact of Obesity on Wages. *The Journal of Human Resources*, v. 39, n. 2, p. 451–474, Spring 2004.

CURRIE, J. Early Childhood Education Programs. *Journal of Economic Perspectives*, v. 15, n. 2, p. 213–238, 2001.

CARNEIRO, P.; HECKMAN, J. Human Capital Policy. *National Bureau of Economic Research Working Paper n. 9.495*, February 2003. Disponível em: <http://www.nber.org/papers/w9495.pdf>. Acesso em: 15 mar. 2015.

ERLANGER, S. London Mayor Raises Eyebrows, and Ire. *New York Times*, 29 Nov. 2013. Disponível em: <http://www.nytimes.com/2013/11/30/world/europe/london-mayor-IQ-comments.html?_r=1>. Acesso em: 15 mar. 2015.

HAMERMESH, D.S.; BIDDLE, J.E. Beauty and the Labor Market. *American Economic Review*, v. 84, n. 5, p. 174–94, 1994.

HAMERMESH, D. S. Tall or Taller, Pretty or Prettier: Is Discrimination Absolute or Relative? *NBER Working Paper n. 18123*, June 2012. Disponível em: <http://www.nber.org/papers/w18123.pdf>. Acesso em: 15 mar. 2015.

_____, *Beauty Pays: Why Attractive People Are More Successful*. Princeton University Press, 2013.

HERMSTEIN, R.; MURRAY, C. *The Bell Curve: Intelligence and Class Structure in American Life*. Free Press, 1996.

MASSE, L.N.; BARNETT, W.S. A Benefit Cost Analysis of the Abecedarian Early Childhood Intervention. *National Institute for Early Education Research*. Sep. 2002. Disponível em: <http://nieer.org/resources/research/AbecedarianStudy.pdf>. Acesso em: 15 mar. 2015.

MENEZES FILHO, N. A Educação no Brasil e na China. *Valor Econômico*, Rio de Janeiro, 15 dez. 2010.

MOBIUS, M.M.; ROSENBLAT, T.S. Why Beauty Matters? *American Economic Review*, v. 96, n. 1, p. 222–235, 2006.

MOURA CASTRO, C. Educação Especializada para Empregos Gerais: o mercado para a educação superior no Brasil. *Planejamento e Políticas Públicas*, n. 3, p. 125–138, Junho, 1990.

PASTORE, J. *Desigualdade e mobilidade social no Brasil*. T.A. Queiroz Editor Ltda, Editora da Universidade de São Paulo, 1979.

PASTORE, J.; ZYLBERSTAJN, H. Social mobility: the role of education in determining status. BIRDSALL, N; SABOT, R. (Eds.). *Opportunity Foregone: Education in Brazil*. Inter-American Development Bank, 1996.

RAMOS, C.A. *Economia do Trabalho: Modelos Teóricos e o Debate no Brasil*. CRV Editora, 2012.

SOARES, S. O Perfil da Discriminação no Mercado de Trabalho — Homens Negros, Mulheres Brancas e Mulheres Negras. *Texto para Discussão n. 769*, IPEA, 2000. Disponível em: <http://zip.net/bcqxYy>. Acesso em: 15 mar. 2015.

SPENCE, M. Job Market Signaling. *Quarterly Journal of Economics*, v. 87, n. 3, p. 355–374, 1973.

The Economist, In the Beginning was the Word. 22 Feb. 2014. v. 1. Disponível em: <http://zip.net/bfqpv3>. Acesso em: 15 mar. 2015.

_____. Why is everyone so busy? 20 Dec. 2014. v. 2. Disponível em: <http://zip.net/bbqyNv>. Acesso em: 15 mar. 2015.

THUROW, L.C. *Generating Inequality: Mechanisms of Distribution in the U.S. Economy*. Basic Books, 1975.

Anexo 2

Qualidade da Educação e Cultura de Avaliação

As iniciativas que pretendem avaliar resultados do processo educativo não são recentes. No caso específico do Brasil, se inicialmente era uma contrapartida exigida por financiamentos conseguidos diante de instituições multilaterais de crédito (como o Banco Mundial), com o transcorrer dos anos, o país foi internalizando sua pertinência. Essas avaliações sempre contaram com a simpatia dos economistas e eram resistidas pelos profissionais mais próximos às atividades pedagógicas. Estes últimos argumentavam que a educação visava tanto a aquisição de habilidades cognitivas e não cognitivas, como também agregava e formava um capital social e simbólico. Aspectos cognitivos e proficiências seriam os aspectos valorados no mercado e relativamente de fácil medição, através de testes bem desenhados. Já o capital social e simbólico, não obstante também contar na hora de ingressar no mercado de trabalho e pautar tipos de emprego e renda possíveis, era de difícil medição. Por outra parte, sempre segundo educadores e pedagogos, a educação não pode ser reduzida a aspectos exclusivamente econômicos, senão que cumpre, primordialmente, um papel civilizatório.

Sem entrar nessa polêmica, o certo é que hoje, no mundo e no Brasil, a cultura de avaliação já foi extensamente internalizada por quase todos os atores do sistema escolar. A resistência aos testes e a construção de indicadores de qualidade é, atualmente, marginal.

Mas mesmo entre os economistas, assumir que as estimações, produtos dos testes de avaliação, são relevantes, significa que é a qualidade mais que a quantidade é a variável relevante para definir trajetórias profissionais no mercado de trabalho e precisar a capacidade de crescimento de um país.

Em termos internacionais, o teste com maior popularidade talvez seja o PISA (Programme for International Student Assessment), uma iniciativa coordenada pela OCDE (Organização para a Cooperação e Desenvolvimento Econômico, um "clube" dos países mais ricos ou de aspirantes a ser). No Brasil, o PISA é administrado pelo INEP (Instituto Nacional de Estudos e Pesquisas Educacionais Anísio Teixeira).[56] Não obstante ser o mais popular, o PISA não é o único teste de avaliação internacional. Por exemplo, temos ainda o TIMSS (Trends in International Mathematics and Science Study), o PIRLS (Progress in International Reading Literacy Study), o SERCE (Second Regional Comparative and Explanatory Study), o SACMEQ (Southern and Eastern Africa Consortium for Monitoring Educational Quality) etc. Em todos os casos, com características próprias, todos pretendem o mesmo objetivo: avaliar a qualidade da educação.

O Brasil não foge a essa tendência mundial. Se é possível detectar as primeiras iniciativas nos anos 1930, no Estado Novo, com a criação do antigo INEP — Instituto Nacional de Estudos Pedagógicos, certamente os primeiros passos nas modernas técnicas de avaliação são dos anos 1980, com o Programa de Educação Básica para o Nordeste Brasileiro (Edurural), projeto financiado pelo Banco Mundial. Também na década de 1980, o INEP arquiteta o primeiro SAEP (Sistema Nacional de Avaliação das Escolas Públicas de Primeiro Grau). A partir daí, as iniciativas e produção de indicadores deslancham e crescem de forma exponencial: SAEB — Sistema de Avaliação da Educação Básica (no final dos anos 1980); IDEB (Índice de Desenvolvimento da Educação Básica); ENEM (Exame Nacional do Ensino dio, criado em 1998); o antigo Provão (atual ENADE — Exame Nacional de Desempenho de Estudantes). Inclusive, municípios (como o do Rio de Janeiro, por exemplo) e diversos estados (São Paulo, Pernambuco etc.) criam seus próprios sistemas de avaliação que, na maioria das vezes, não dialogam os arranjos institucionais nacionais. As metodologias para auferir resultados atingem níveis de sofisticação consideráveis (por exemplo, o TRI — Teoria de Resposta ao Item). As provas não unicamente levantam dados sobre

---

[56] Ver: <http://portal.inep.gov.br/pisa-programa-internacional-de-avaliacao-de-alunos>.

6. Comentários Finais

proficiências, habilidades etc. dos estudantes, senão também de seu entorno, seja do próprio estabelecimento, seja do ambiente failiar.

Essa cultura manifesta uma preocupação (nacional e internacional) com a qualidade. Privilegiar a dimensão qualitativa não é, em termos teóricos, trivial. Existem fundamentos analíticos (ver os apresentados no transcurso do capítulo) para acreditar que as credenciais, mesmo vazias de conteúdo, são relevantes. A educação relativa, o acúmulo de atestados e certificados, os vínculos pessoais e sociais que se criam no estabelecimento escolar etc. são todos fatores que não são alheios ao futuro profissional dos indivíduos.

Capítulo III

A Função de Produção na Educação

> "[...] o modo mais eficiente de uma escola melhorar sua posição no Enem é aumentar o valor de sua mensalidade."
>
> Hélio Schwartsman[57]

1. Introdução

No início de 2012, o então Ministro de Educação, Aloizio Mercadante, anunciou um programa que previa distribuir 600 mil tablets (a um custo de R$ 150 milhões) para uso dos professores de Ensino Médio.[58] Segundo a justificativa do Ministro, os objetivos desse programa eram diversos e iam, desde a melhora no processo de aprendizagem, mediante a utilização de novas tecnologias, até o alcance de metas sociais mais amplas, como a denominada inclusão digital.

Medidas como essa vão ao encontro do intuitivamente esperado. Melhorar a infraestrutura de uma escola, colégio ou universidade, reduzir o tamanho das turmas nas salas de aula, aumentar o salário dos professores, elevar a formação dos docentes etc. são todas ferramentas que podem ser listadas como factíveis de serem utilizadas para atingir objetivos mais amplos, como diminuir a repetência, aumentar a qualidade da educação, tornar o sistema escolar mais atrativo para a juventude etc.

Contudo, políticas educacionais, na medida em que envolvem recursos públicos que poderiam ser alocados a outros fins, não deveriam ser fundamentadas em "intuições", por mais óbvias que elas possam parecer. Concretamente, e nos referindo especificamente ao programa que citamos anteriormente, será que a distribuição de tablets aos pro-

---

[57] Folha de São Paulo, 24 dez. 2014, p. A.2.

[58] Ver <http://zip.net/bwpG20>. Acesso em: 15 mar. 2015.

fessores de ensino médio constitui uma medida adequada para atingir os fins propostos? A pergunta prévia à implementação de qualquer projeto deveria ser: temos evidências empíricas que outorguem algum tipo de fundamento a uma relação intuitivamente plausível?

Especialistas de outras ciências que lidam com educação tendem a estabelecer nexos de caráter mais conceituais e/ou referenciados em princípios. Por exemplo, todo estabelecimento escolar teria de ter uma biblioteca. O olhar do economista tentaria responder questionando: existem pesquisas empíricas que fundamentam a necessidade de uma biblioteca para obter determinados resultados? Qual é o custo dessa biblioteca? Se compararmos os benefícios aos custos, a existência de uma biblioteca se justifica? Se compararmos os custos de uma biblioteca com alguma outra possibilidade de investimento no estabelecimento, a escolha de uma biblioteca se justifica?

Esta relação entre um insumo (seja uma biblioteca, como no exemplo anterior, ou a qualidade da formação dos professores, existência de computadores, salas de aulas arejadas etc.) e um resultado ou output (também aqui as possibilidades são diversas e podemos mencionar aspectos quantitativos, como o número de formados ou percentual de repetência, até variáveis qualitativas, como as notas em uma prova de avaliação de matemática ou português) leva o nome de Função de Produção. Essa denominação é uma transposição mais ou menos automática de processos que são o cerne da pesquisa e reflexão em economia: como produzir de forma eficiente (ou ao menor custo) um dado bem ou serviço (carros, por exemplo) a partir da combinação de insumos como trabalho, capital, recursos naturais e tecnologia. A escolha desses insumos, sua combinação e a organização, que tem como corolário um dado produto ou serviço, denomina-se Função de Produção. Espera-se que, quando existe mercado, em um processo darwinista que surge da concorrência, só sobreviverão "as melhores", ou seja, as que logrem combinar de forma mais eficiente esses recursos e possam (dada essa eficiência) disponibilizar o produto ao menor preço (menor preço propiciado pelo menor custo).[59] Quando não existe mercado ou a

---

[59] Logicamente, estamos assumindo que existe concorrência, que pode ser perfeita ou não (concorrência oligopolista ou simplesmente monopólio). Nos casos de monopólio ou de conluio entre firmas, o funcionamento de mercado seria outro.

concorrência é limitada ou a aplicação da lógica mercantil está fora de cogitação (por razões éticas, por exemplo), o processo de escolhas entre alternativas não necessariamente resulta na seleção de uma possibilidade eficaz (que conduz ao resultado desejado) ou eficiente (atinge-se o resultado, mas existiria outra opção que, para o mesmo resultado, teria menores custos financeiros).

Para abordar essas relações de causa/efeito e tratar de introduzir elementos de eficiência (escolha das alternativas que demandem menores custos para resultados similares), os economistas fizeram uma transposição da Função de Produção corriqueiramente utilizada quando o campo de análise é a produção de bens e serviços, normalmente, transacionados no mercado (carros, calças, tênis etc.). Nosso objetivo neste capítulo consiste em apresentar essa perspectiva, mencionar os insumos normalmente avaliados na literatura (salário dos professores, qualidade dos mesmos, infraestrutura escolar etc.) e sua avaliação. Contudo, estimar a existência da correlação entre um insumo (infraestrutura, por exemplo) e um resultado (repetência, por exemplo) não é uma tarefa trivial. Trataremos esse aspecto com algum detalhe na Seção 2 deste capítulo, sendo essas particularidades metodológicas apresentadas de forma gráfica em um anexo. Na Seção 3, estudaremos detalhadamente as variáveis, as correlações entre elas e os resultados procurados, as justificativas analíticas (quando existem) e referenciais das pesquisas empíricas no Brasil e na literatura internacional. Por último, finalizamos, na Seção 4, com um balanço do desenvolvido no capítulo.

2. Considerações Metodológicas

A questão que esboçamos no parágrafo anterior não unicamente é natural, porque tende a justificar a pertinência de uma relação de causa (política)/efeito (objetivos), senão porque deveria balizar a alocação de recursos entre alternativas que já se provaram efetivas. Assumamos, a título de ilustração, que o objetivo de um gestor seja reduzir a repetência. Suponhamos, também, que temos evidências empíricas que nos permitem concluir que tanto a melhor formação pedagógica do corpo docente quanto a redução do tamanho das turmas em cada sala permite atingir esse objetivo. Nesse caso, e lembrando que os recursos são limitados (existe uma restrição orçamentária), ter-se-ia de fazer uma avaliação sobre qual das duas alternativas possibilitam atingir o mesmo objetivo, com uma menor demanda de recursos. Ou seja, qual das duas é mais eficiente.

a) Eficácia e eficiência

Nesse sentido, temos que diferenciar a eficácia (em que medida um conjunto de ações permite atingir um objetivo) da eficiência (quais são os custos de atingir um dado objetivo, mediante uma política). Uma política pública não unicamente tem de mostrar eficácia (relação entre uma variável e um dado resultado), senão também eficiência (qual é o custo de atingir um dado objetivo atuando sobre determinada variável).

Um primeiro problema para avaliar tanto a eficácia como a eficiência está associado às diversas dificuldades em atribuir alguma dimensão mensurável ao objetivo. Por exemplo, suponhamos que estejamos procurando avançar na denominada "inclusão digital". Associar uma determinada ação a esse output (inclusão digital) requer não unicamente sua definição, senão alguma forma de quantificação, seja binária (incluído/não incluído), seja em termos de escala pontuação).

b) O desafio da avaliação: aspectos técnicos

Definido o objetivo e solucionada a questão da quantificação do mesmo, em termos metodológicos, o problema a ser enfrentando consiste em isolar a relação causa/efeito, uma tarefa bem longe de ser trivial em todo fenômeno social. Vamos apresentar um exemplo. Suponhamos que pretendemos avaliar em que medida um programa como o Bolsa Família, o qual vincula um benefício monetário à frequência escolar dos filhos, elevou a assiduidade das crianças aos estabelecimentos escolares. A tentativa mais direta seria observar a frequência antes e depois de implementado o programa em uma determinada região. Obviamente, esse tipo de exercício não permite isolar a relação causa/efeito, uma vez que a variação em dois momentos do tempo da frequência pode ser

2. Considerações Metodológicas

devido ao programa, mas também a outros fatores alheios ao mesmo. Em um contexto de crescimento econômico, a regularidade na escolarização pode ter aumentado por outras variáveis (maiores salários dos responsáveis pelo lar, por exemplo) que não o Bolsa Família. Inclusive, se a frequência escolar caiu comparando um antes e um depois de implementado o programa, não podemos concluir, dessa tendência negativa, que a transferência de renda condicionada à escolaridade não tenha impactos positivos.[60]

Vamos desenvolver com mais detalhe esses aspectos. Em todos os casos, a pergunta relevante e que norteia qualquer avaliação deveria ser: o que teria acontecido na ausência do programa? Esse tipo de exercício é denominado de contrafactual (alguma coisa como: o que se teria ocorrido se não tivesse ocorrido o que ocorreu?) e desqualifica toda tentativa de procurar conclusões comparando um *ex post* com o ponto de partida. Duas situações em dois momentos do tempo podem ter sofrido (seguramente sofreram, no caso de fenômenos sociais) impactos oriundos de diversas fontes, e o desafio consiste em isolar a política ou programa que pretendemos avaliar.

Existe uma antiga tradição neste tipo de exercício que remonta ao século XVII, com os primeiros experimentos na agricultura. Na Medicina, por exemplo, foram cruciais para estabelecer, nos anos 1950, a relação de causa/efeito entre o hábito de fumar e o câncer de pulmão (Mukherjee, 2012). Na área social, essas experiências ganharam corpo na década de 1960, ainda que os primeiros antecedentes na Sociologia e Psicologia possam ser identificados já no começo do século XX (Oakley, 1998). Avaliações na área de Educação podem ser identificadas já na década de 1930 nos Estados Unidos, quando Ralph W. Tyler desenvolveu um projeto vanguardista de avaliação na Ohio State University (Stufflebean, Madaus e Kellaghan, 2000).

---

[60] Ver Gráfico 1.d do anexo que acompanha este capítulo. Neste anexo, o leitor pode encontrar diversos cenários que ilustram distintas possibilidades.

> **O JPAL**
> **(Abdul Latif Jameel Poverty Action Lab — MIT, EUA)**
>
> O Abdul Latif Jameel Poverty Action Lab, do Departamento de Economia do MIT (Massachusetts Institute of Technology, EUA) é hoje talvez a principal referência mundial em avaliações de impacto, geralmente usando experimentos controlados (conhecidos na literatura especialzada como RCTN). O centro foi fundado em 2003 por três professores dessa instituição (Abhijit Banerjee, Esther Duflo e Sendhil Mullainathan) e visava utilizar metodologias robustas estatisticamente para determinar os resultados de políticas e programas na área social. A partir desse núcleo inicial, foi constituída uma rede mundial de centros de avaliação disseminados em todos os continentes. As áreas de avaliação são diversas (mercado de trabalho, saúde etc.) e incluem o campo da educação. O reconhecimento internacional à qualidade de suas pesquisas pode se mensurado pelas publicações nas revistas acadêmicas mais importantes do mundo. O leitor interessado pode consultar sua página virtual: <http://www.povertyactionlab.org>.

Contudo, em termos ilustrativos, os exemplos mais didáticos estão situados na área médica. Assumamos que foi identificado um conjunto de indivíduos com uma mesma doença e pretendemos testar a eficácia de um novo tratamento. O caminho padrão a trilhar passa pela constituição, aleatória, de dois subconjuntos de indivíduos, um submetido ao tratamento e outro não. O grupo que não é submetido a tratamento é denominado de grupo de controle (o contrafactual), ao qual é dado um "placebo". A fim de manter a total neutralidade, o experimento teria de ser "duplo cego", ou seja, nem os que estão administrando o processo sabem os indivíduos submetidos ao placebo ou ao tratamento experimental, nem os pacientes conhecem o grupo a que pertencem. *Ex post,* o diferencial entre os dois grupos pode ser creditado ao tratamento. Ou, colocado desde outra perspectiva: os dois grupos, na ausência do experimento, teriam evoluído de forma similar.

Em princípio, os parágrafos anteriores podem transmitir ao leitor a ideia de certa facilidade na aplicação dessa metodologia (geralmente denominada de experimental) a processos não sociais. Em realidade, essa aplicação não é tão pacífica. Conservemos o caso da Medicina para exemplificar essas possíveis limitações, referenciando-nos à relação de causalidade (hoje, bem aceita) entre o hábito de fumar e o câncer de pulmão. Em termos metodológicos, o nexo teria de ser provado mediante a escolha, aleatória, de um conjunto de indivíduos e sua subdivisão entre

2. Considerações Metodológicas

alguns, para os quais se tornaria obrigatório fumar, e o outro, o qual seria proibida essa prática.[61] *Ex post*, seriam comparados os indicadores da doença. Logicamente, essa possibilidade que, em termos metodológicos, não sofreria reparos seria inviabilizada por questões éticas.[62] Nos processos sociais, essas restrições são ainda mais evidentes e corriqueiras. Continuemos com nosso exemplo do Bolsa Família. O paralelo com nosso exemplo anterior seria a escolha, aleatória, de um conjunto de famílias com rendimento familiar per capita inferior à linha de pobreza/indigência e, portanto, potenciais beneficiárias do programa. Uma vez escolhido esse conjunto, dois subconjuntos deveriam ser criados, um beneficiário e outro não. Ou seja, uma parcela da população deveria ser excluída do programa, não devido a fatores que a tornam inelegível e tampouco por restrições orçamentárias, senão, simplesmente, para configurar um grupo de controle.[63]

Em realidade, precisa existir um grupo de controle, mas os grupos de tratamento podem ser diversos. Voltemos a nosso exemplo em torno à distribuição de tablets. Podemos imaginar três alternativas ou três grupos. O primeiro não receberia "tratamento" algum. O segundo receberia os tablets. Um terceiro receberia os tablets associados à capacitação aos docentes, a fim de aperfeiçoar seus conhecimentos ao novo equipamento. O resultado permitirá saber se distribuir exclusivamente tablets tem algum impacto positivo (e a relação custo/benefício), se a disponibilização de tablets deve ir acompanhada de cursos de treina-

---

[61] Uma vez que é só a título ilustrativo, não estamos mencionando fatores como o tempo do experimento, por exemplo.

[62] Um caso similar chamou a atenção da imprensa recentemente. Durante a epidemia de ebola que afetou alguns países de África Ocidental, dois cidadãos norte-americanos foram afetados. Ambos acabaram sendo tratados com um medicamento ainda experimental, e após alguns dias de tratamento superaram a doença. Diante dessa correlação, os países afetados demandaram o medicamento, apelando, inclusive, para razões humanitárias. A resistência a sua distribuição foi grande (acabou sendo distribuída uma quantidade limitada), uma vez que os protocolos normais não tinham sido cumpridos. Em termos da perspectiva que acabamos de resumir, as autoridades não tinham como saber se os dois pacientes reverteram o quadro pelo medicamento ou simplesmente teriam superado a doença sem ele. Por outra parte, outro paciente (não estadunidense, mas europeu) também foi tratado sem que a evolução da doença fosse revertida.

[63] Estas questões de ética não afetam apenas os programas sociais, mas também outras áreas. Em geral, os protocolos de avaliação experimental em áreas como as ciências médicas também podem requerer a atenção aos critérios éticos. Contudo, em certos casos, uma avaliação experimental é possível. Por exemplo, Gertler (2004), avaliou o programa mexicano de transferência condicionada de renda (o PROGRESA) mediante uma metodologia experimental, separando famílias entre um grupo de tratamento (beneficiárias do programa) e outro de controle (que seriam beneficiadas no futuro). O objetivo consistia em avaliar o impacto sobre a mortalidade, altura e anemia das crianças.

mento para o corpo docente ou se nenhuma dessas alternativas apresenta resultados ou os mesmos não têm uma relação custo/benefício (eficiência) atrativa.[64]

> Avaliação de Impacto de uma Política ou Programa Alternativos
>
> - Experimento Controlado ou Experimental: grupo de tratamento e grupo de controle escolhidos de forma aleatória;
> - Experimento Natural ou Neoexperimental: a alocação (divisão) da população entre dois grupos foi casual, produto de uma legislação, política pública ou fenômeno natural (o pesquisador não intervém na criação dos grupos de tratamento e controle).

Essa necessidade metodológica no tocante à criação de grupos de controle (quando é possível a criação de um grupo de controle falamos de Experimento Controlado ou Avaliação Experimental, ver box) restringe ou limita a sua aplicabilidade nas políticas na área social (aí incluída a educação), mas não chega a inviabilizar toda e qualquer avaliação de impacto. Em geral, os esforços foram dirigidos à identificação de situações nas quais um processo que guarde características similares ou próximas ao experimental controlado, mas que não foi imaginado com esse fim. Por exemplo, uma mudança na legislação em um Estado e mantidas as condições e legislação em outro (esta situação é denominada de Experimento Natural ou Quase Experimental). Outra possibilidade consiste em tentar identificar grupos que sirvam de contrafactual, mediante banco de dados disponível. Diferentemente do método experimental, nos não experimentais não existe um processo de formação dos grupos de maneira aleatória gerado propositalmente pelo avaliador. Restrições de custos, éticas, políticas etc. impedem essa pré-seleção aleatória que divida a população em dois grupos, um de tratamento e outro de controle. Dada essa impossibilidade em levar adiante uma avaliação experimental, a alternativa quase experimental utiliza dados já existentes e norteia-se pelos mesmos princípios da avaliação

---

[64] O nosso exemplo não deixa de ter algum referencial empírico. Barrera-Osorio e Linden (2009), utilizando uma metodologia de avaliação experimental (distribuição aleatória), chegaram à conclusão que, na Colômbia, a doação de computadores, pelo setor privado, à escolas públicas, em pouco contribuía para melhorar indicadores. Os autores atribuem esse reduzido impacto à falta de incorporação dos docentes desse material no processo de ensino.

experimental, ou seja, identificar uma relação causa/efeito em uma ou diversas variáveis. Em última instância, sempre se pretende criar o contrafactual. O desafio consiste em identificar grupos comparáveis e cuja diferenciação seja, exclusivamente, a variável que se pretende avaliar. Como já salientamos, essa tarefa não é trivial e, justamente, aí reside o cerne da pesquisa.

Vamos a um exemplo. Em economia da educação, as correlações ou impactos do tamanho das turmas com alguma variável de resultado (repetência, anos de estudo, qualidade da educação etc.) sempre foi um tema controverso e impulsionou as atenções de inúmeros pesquisadores.[65] Em termos metodológicos, e norteados pela tradição da avaliação experimental, o lógico seria a escolha aleatória de um grupo de alunos, sua divisão (também mediante uma escolha aleatória) em dois subconjuntos, sendo um bem maior que outro, a fim de constituir duas turmas de diferentes tamanhos. Esse processo, um tanto ideal, nem sempre é possível (restrições legais, limitações administrativas etc.), fato que limita testar de forma estatisticamente robusta o impacto da variável "tamanho da turma" sobre resultados. Em um artigo muito citado na literatura, Angrist e Levy (1999) identificaram, em uma norma legal de Israel, a possibilidade de desenvolver uma avaliação semelhante à que seria levada a cabo de forma experimental. Nesse país, a legislação estabelece um máximo de quarenta alunos por sala. Além desse número, faz-se necessária a abertura de uma nova turma. Ou seja, em vez de uma turma com 41 alunos, teríamos uma turma com vinte e outra com 21. Essa transição pode ser, realisticamente, assumida como aleatória. Em outros termos, não existiria um viés na constituição das turmas, senão, simplesmente, um processo aleatório e, nesse sentido, o impacto do tamanho das turmas sobre alguma variável de resultado pode ser auferido.

Uma vez constituído o grupo de tratamento e o grupo de controle (seja de forma experimental ou não experimental), a avaliação de impacto pode ser realizada mediante diversas técnicas (diferenças simples, duplas diferenças, regressão multivariada, regressão descontínua etc.), todas

---

[65] Abordaremos a variável "tamanho da turma" com mais detalhe na Seção 3 deste capítulo.

apresentando vantagens e limitações. Foge a nossos objetivos, neste livro, abordar e analisar cada uma delas e, em geral, essas diferentes técnicas foram utilizadas em artigos que são, hoje, aceitos como tendo contribuído para avaliar as relações de causa/efeito nos processos educativos.

c) Limitações I: ausência de marco teórico de referência

Em geral, em termos metodológicos, as avaliações, sejam elas experimentais ou não experimentais, deveriam testar correlações e ordens de causalidade que são previamente intuídas a partir de modelos teóricos. Essas etapas (modelo teórico que precede ao trabalho empírico) são usualmente utilizadas na Física e são aquelas que, metodologicamente, deveriam balizar os caminhos em todas as avaliações quantitativas. Ilustremos esse processo a partir de um fato do mundo da Física que foi amplamente divulgado pela mídia não especializada. O Bóson de Higgs (também denominada popularmente como "a partícula de Deus") constitui uma partícula elementar sugerida teoricamente pelo físico Peter Higgs na primeira metade dos anos 1960. Durante décadas, sua existência ficou como uma possibilidade (uma hipótese), na medida em que não existiam condições de testar a pertinência do insinuado pela teoria. Só com o Grande Colisor de Hádrons, o maior acelerador de partículas hoje no mundo, situado na fronteira franco-suíça, a plausibilidade teórica foi testada, confirmada (em 14 de março de 2013) e Peter Higgs ganhou o Prêmio Nobel de Física no mesmo ano.[66] Ou seja, teríamos um modelo teórico cujas conclusões mereceriam algum tipo de validação empírica para sua confirmação. Não podendo por algum motivo (limitações tecnológicas, como no caso do Bóson de Higgs, ou por falta de dados ou por restrições éticas etc.) o resultado fica como uma possibilidade. Mesmo que esteja bem ancorada teoricamente (tem um valor lógico), a hipótese fica como um resultado plausível, não mais que isso.

Essa alternativa seria metodologicamente a mais aceita, ainda que fora das ciências denominadas de "duras" (como a Física) é difícil sua automática transposição. Na Medicina, nas Ciências Biológicas etc. a

---

[66] O prêmio foi compartilhado com François Englert que, independentemente de Higgs, também sugeriu, sempre teoricamente, a existência dessa partícula elementar que seria crucial para explicar a massa de outras partículas elementares.

2. Considerações Metodológicas

formulação de hipótese e sua comprovação mediante validação experimental é (exceto por questões legais/éticas) geralmente factível. Em Ciências Sociais ou Humanas as possibilidades são, como já mencionamos, mais restritas. Mas não unicamente limitadas por questões éticas/legais (fato que já mencionamos), senão também por problemas associados ao mesmo campo da pesquisa.

Em princípio, nas Ciências Sociais ou Humanas, dificilmente existe um modelo com nexos fortes entre uma causa e um efeito. Esse vácuo é substituído por nexos, muitas vezes, sem ancoragem teórica, mas produtos da intuição ou do "bom senso", que de resultados derivados de pressupostos teóricos. Tomemos o caso da quantidade de indivíduos por sala de aula e o desempenho acadêmico dos alunos. Essas duas variáveis poderiam estar associadas, e nossa intuição vai nessa direção. Por outra parte, a correlação seria negativa: quanto maiores forem as turmas, menor a atenção que um professor daria a cada aluno (além de questões vinculadas à administração de grandes grupos humanos, especialmente jovens) e, portanto, menor a eficácia do processo pedagógico. Essas ilações são plausíveis, vão ao encontro do senso comum e, por outra parte, são relevantes em termos de recursos financeiros (maiores turmas implicam em menores custos). Contudo, não obstante sua plausibilidade, essa hipótese deve ser submetida ao crivo dos dados. Os testes na literatura internacional remontam aos anos 1920 do século passado e um balanço da mesma não permite conclusões inequívocas. As avaliações dependem do tamanho da sala, do resultado testado, do nível de renda da população pesquisada etc. Ou seja, a intuição pode confirmar-se ou não, dependendo da articulação com outras variáveis. Por exemplo, Piketty e Valdenaire (2006) concluem que a redução do tamanho das turmas tem impacto positivo, mas o mesmo é mais significativo só em regiões ou populações desfavorecidas.

Mencionamos esse exemplo sobre o tamanho da turma só a título de ilustração, mas pode ser estendido a quase todas as variáveis que usualmente são testadas em economia da educação: a existência ou não de bibliotecas nos estabelecimentos, a qualificação dos professores, o salário dos mesmos, o prestígio dos docentes na sociedade, o grau de autonomia da escola etc. Todas essas variáveis são testadas porque, intuitivamente, na maioria dos casos, são plausíveis de terem algum tipo de desdobramento sobre os resultados acadêmicos dos alunos. Nesse sentido, uma falta de correlação não chega a comprometer um paradigma teórico, uma vez que este não existe. Mesmo não existindo esse referencial analítico que ancore os nexos e a direção de causalidade entre variáveis, a "intuição" ou o "bom senso" predeterminam o sinal. Por exemplo, esperamos que a existência de bibliotecas, em um estabelecimento, eleve o desempenho acadêmico dos alunos ou que turmas muito grandes poderiam prejudicar o processo pedagógico.

A não existência de correlação, ao desafiar o "bom senso", pode levar a outras perguntas, mas não necessariamente desautoriza a nossa intuição. Suponhamos que não foi estabelecida uma correlação entre a existência de bibliotecas e os resultados do estabelecimento. Essa ausência de nexo estatístico pode induzir a não dar prioridade a investimentos em bibliotecas. Contudo, na medida em que essa conclusão é muito difícil de ser aceita, as indagações podem ser direcionadas a questões sobre a frequência das consultas à biblioteca ou se a biblioteca é agradável de ser frequentada. Em outros termos, mesmo com a presença de bibliotecas no estabelecimento, por algum motivo, os alunos podem não fazer uso delas. Não pretendemos aqui discutir a validade ou não dessas possibilidades, senão que pretendemos evidenciar em que medida os nexos entre variáveis e as relações de causalidade podem adquirir uma "geometria variável". Nesse sentido, as variáveis consideradas, suas relações e relações causa/efeito são, na economia da educação, bem distantes das denominadas "ciências duras", nas quais um modelo teórico ancora bem especificamente as articulações e relações de causalidade. A ausência de validação pode levar a um questionamento total de um modelo (nas "ciências duras"), fato que dificilmente sucede no caso da economia da educação.

Porém, a especificação de nexos não põe um ponto final ao processo de avaliação, senão que é necessária a comparação entre alternativas. Imaginemos, por exemplo, que foi estabelecida uma robusta relação de causa/efeito entre a disponibilização de gadgets aos alunos e certos resultados pedagógicos. Paralelamente, porém, também foi estabelecido que o mesmo efeito é factível de ser obtido mediante a qualificação do corpo docente. Ou seja, temos duas alternativas para atingir o mesmo objetivo e uma recomendação de política pública requer que a escolha seja feita mediante uma comparação de eficiência (qual a alternativa que possibilita a obtenção de um dado resultado a um menor custo). Assim, temos duas etapas: determinar os nexos e avaliar a relação custo/benefício.

d) Limitações II: a articulação entre as variáveis

A possibilidade de combinação de variáveis é outra restrição nos ensaios de validação experimental ou não experimental, no caso da avaliação de processos pedagógicos. Tomemos, a título de comparação, o caso das ciências médicas, onde essa metodologia é amplamente utilizada. A trajetória de um grupo de controle pode ser comparada com um conjunto que receba um tratamento, outro que receba outro tipo de tratamento e um terceiro que seja objeto de uma combinação dos dois anteriores. Em geral, além do grupo de controle, devem ser formados tantos conjuntos como tratamentos a fim de testar em que medida as alternativas avaliadas são substitutas ou complementares. Façamos agora um paralelo com o exemplo dado no parágrafo anterior. Poderíamos tentar testar a introdução de gadgets, a qualificação do corpo docente e uma combinação de ambos. Não pode ser descartado que as duas primeiras sozinhas não alterem os resultados pedagógicos, mas uma combinação de ambas, sim. Dessa forma, o leque de desenhos de avaliação pode ser amplo e a combinação de políticas a ser avaliada deve ser norteada pelo "bom senso", a experiência etc.

e) Limitações III: a impossibilidade de generalização

A ausência de um modelo teórico abstrato também tem custos em termos de generalização. Como já afirmamos, o ideal, em termos metodológicos, consiste em testar hipótese, mediante métodos experimentais. Em geral, métodos experimentais são realizados em pequena escala, com populações-alvo limitadas. Essa característica somada à ausência de um arcabouço abstrato delimita os resultados a uma determinada dimensão de espaço e de tempo. Exemplifiquemos. Borkum, He e Linden (2013) desenvolveram uma avaliação aleatória (experimental) em Bangalore (a terceira maior cidade da Índia) no período 2007–2009.

A avaliação consistia em determinar em que medida a construção de bibliotecas nas escolas aprimorava as habilidades em leitura dos estudantes. O resultado foi decepcionante, tanto em leitura como em outras variáveis. Qual o corolário que podemos extrair dessa pesquisa? Que as bibliotecas não têm relevância? Obviamente que não. Simplesmente que em Bangalore (Índia), nesse período, há elementos sugerindo que as bibliotecas não têm impacto no desempenho escolar. Esse resultado, por mais robusto que possa parecer estatisticamente, não permite concluir que, em 2014, no Brasil, a construção de bibliotecas nas escolas e colégios seja irrelevante. Mais ainda. Dado o caráter continental do Brasil e sua heterogeneidade, mesmo que uma avaliação experimental bem desenhada em um determinado espaço (seja município, seja UF) conclua que a construção de bibliotecas seja irrelevante para indicadores de desempenho, esse resultado não poderia ser generalizado para a totalidade do território.

Esta restrição em termos de extrapolação no espaço e no tempo (uma robusta relação causa/efeito encontrada há uma década não significa que hoje seja pertinente) tem importantes corolários. Por exemplo, quantas avaliações são necessárias para que possamos sustentar relações causa/efeito permanentes e generalizáveis? Quanto maior peso tenha, em nosso ponto de partida, a intuição, o bom senso, a experiência etc. sem referenciais analíticos, maior será a probabilidade de encontrar correlações estatisticamente robustas, mas espúrias.[67] Se procuramos correlações entre variáveis baseados no bom senso (um *laptop* aprimoraria o desempenho escolar, por exemplo) e corroborados estatisticamente, podemos chegar à seguinte conclusão: sabemos que funciona, mas não sabemos o porquê.

Contudo, se sabemos que funciona, mas não sabemos por quê, podemos estar diante de uma correlação espúria (possibilidade que acabamos de mencionar), ou mesmo, interações entre as variáveis que tentamos controlar. Imaginemos o seguinte caso. Suponhamos que o desempenho de um aluno dependa da qualidade do professor e da dedicação dos pais em ajudar os filhos nos estudos. Assumamos que esta-

---

[67] Ou seja, dois acontecimentos estão correlacionados pelo acaso, não porque exista uma relação de causalidade.

mos testando em que medida um curso de formação, elevando a qualidade dos professores, tem impacto em algum teste de desempenho do aluno e, para isso, conseguimos dividir dois grupos, um de tratamento (os professores seguem um curso de formação) e outro de controle. Imaginemos que o resultado da pesquisa não assinala impacto. Erroneamente, poderíamos concluir que os recursos investidos na qualificação do professor são irrelevantes. Ocorre que a melhor qualificação dos docentes pode ter impacto positivo e esse efeito redundou em menor dedicação dos pais. Ou seja, na medida em que o entorno familiar percebia um melhor desempenho dos filhos, o tempo alocado a sua ajuda cai. Assim, temos uma correlação entre a qualidade do corpo docente e o tempo dedicado pela família à educação dos filhos, correlação que impede ver o vínculo qualidade do professor/desempenho do aluno.

3. As Variáveis Explicativas

a) Gastos

De forma quase natural ou intuitiva, talvez a primeira variável que vem à mente, quando tentamos explicar algum resultado do processo pedagógico, são os gastos ou o dinheiro alocado na educação. Pareceria que, quase intuitivamente, a opinião pública tende a assumir que quanto mais dinheiro investido, mais os resultados serão melhores. Hoje, o debate público, no Brasil, é a manifestação dessa perspectiva. A Presidência da República sancionou, sem vetos, o Plano Nacional de Educação (PNE) aprovado pelo Congresso Nacional, cuja meta consiste em passar, dos atuais (2014) percentuais próximos a 6% do PIB alocados na educação, para uma proporção de 10% nos próximos dez anos. Essa iniciativa gozou de um amplo apoio, tanto entre os partidos políticos como entre movimentos da sociedade civil. O movimento tinha tal unanimidade que, implicitamente, o consenso seria "mais dinheiro na educação é bom", relação que não precisaria ser comprovada.

Contudo, não obstante parecer, por sua natural obviedade, que essa suposta correlação não precisa ser provada, o nexo gastos–resultados mereceu amplo tratamento na literatura especializada. Talvez o antecedente que goza de maior popularidade seja o Relatório Coleman (Equality of Educational Opportunity Study) de 1966, pesquisa encomendada pelo Ministério de Educação, Saúde e Bem-Estar dos EUA e ainda hoje qualificada como sendo a mais abrangente pesquisa em educação levada adiante no século passado. Essa investigação foi produto do movimento pelos direitos civis que, nos anos 1960, visava subsidiar a formatação de políticas a fim de reduzir a desigualdade de oportunidades entre indivíduos segundo sua raça/cor, religião ou nacionalidade. Foram entrevistados 650 mil estudantes em quesitos tais como raça, identidade étnica, ambiente socioeconômico familiar, atitudes diante da educação etc., e testados conhecimentos em habilidades verbais, compreensão de leitura, domínio de matemáticas etc. Foram paralelamente levantadas informações sobre o corpo docente (salário, educação, experiência etc.) e infraestrutura. O resultado do Relatório Coleman foi conclusivo: os insumos (quantidade e qualidade) utilizados na escola não determinam o desempenho acadêmico dos alunos. O ambiente social e familiar dos alunos seria a variável-chave para explicar a performance dos mesmos. Elevar os recursos alocados à educação teria pouco desdobramento em termos de resultados.

Os resultados do Relatório Coleman marcaram por décadas o debate sobre as variáveis que determinam o output do processo pedagógico, uma vez que seus resultados eram muito pessimistas sobre as possibilidades de mais recursos ou a formatação de processos, no interior do estabelecimento, alterarem as capacidades de leitura, expressão oral etc. dos egressos do sistema escolar. Na medida em que o determinante dessas habilidades era o entorno social–familiar, a estrutura social tenderia a permanecer rígida e não seria nem eficaz, nem eficiente alocar mais recursos para igualar oportunidades.

Hoje, passado quase meio século desde o Relatório Coleman e não obstante o mesmo continuar sendo uma referência incontornável, a aceitação da intranscendência dos gastos alocados à educação não parece gozar de tanto apelo. À margem dos posicionamentos de movimentos sociais, sindicatos etc. geralmente partidários de uma associação imediata entre mais dinheiro em educação e avanços na área social, o monitoramento dos gastos em educação é usual nos relatórios de diversas organizações internacionais, sintoma que as despesas nessa rubrica são relevantes ou se suspeita que sejam relevantes. Em outros termos, no caso de não serem relevantes ou diante de falta de suspeitas que o sejam, esses indicadores não seriam dificilmente monitorados.

Contudo, as tentativas de se fazer uma correlação entre gastos por aluno e alguma medida de resultado (e, vale notar, a literatura está quase saturada de tentativas de fechar o debate) não é conclusiva. Em um artigo muito comentado, Hanushek (1989, p. 47) faz uma resenha de uma série de artigos que foram publicados e sua conclusão é radical: "There is no strong or systematic relationship between school expenditures and student performance".[68]

Logicamente, a conclusão de Hanushek foi muito taxativa e não podia deixar de induzir controvérsias. Diversos artigos contestam suas conclusões (ver, por exemplo, Hedges, Laine e Greenwald, 1994) e a existência de um nexo positivo entre gastos em educação e resultados pedagógicos continua sendo palco de polêmica.

Em 2002, o Brasil alocou 19% do gasto público total em educação. Em termos de PIB, o gasto público está na faixa de 6%. Quando comparamos com dados internacionais, esse percentual do PIB não está distante da média dos países da OCDE. Países como França, Canadá, Espanha etc. estão na faixa de 5–7% do PIB.

Comparar os gastos públicos em educação como percentual do PIB entre países, não obstante ter certa popularidade, é pertinente? A resposta é não. Vários são os fatores que relativizam a importância desse indicador.

Na medida em que a distância do PIB per capita entre os países pode ser enorme, variando de 146 mil dólares (Catar) até pouco mais de 600 dólares (República Centro-Africana), um dado percentual do

---

[68] "Não há relação forte e sistemática entre gastos nas escolas e a performance dos estudantes." (Tradução Nossa). No texto original, por sua relevância, Hanushek coloca em itálico este resultado.

PIB pode representar montantes absolutos extremamente diferentes.[69] Quanto mais pobre um país, maior o percentual do PIB a ser alocado para igualar a despesa por aluno de um país mais rico. Nessa direção, um indicador que transmitiria mais informação diz respeito ao gasto público por aluno entre diferentes países. Vamos ilustrar o problema tomando, aleatoriamente, dois países que integram o mesmo espaço econômico: Itália e Estônia. O primeiro aloca em torno de 5% do PIB em educação (gasto público + privado), sendo o gasto por aluno de, mais ou menos, cinco mil dólares. A Estônia, um percentual maior em termos do PIB (6%), mas, na medida em que é um país com menor grau de desenvolvimento, o gasto por aluno que redunda dessa alocação é de apenas 4,2 mil dólares.[70]

Um segundo fator que relativiza o gasto público por aluno como critério de avaliação diz respeito à estrutura etária de uma população. Na medida em que a distribuição de uma população entre as distintas faixas etárias difere entre países, o esforço relativo a ser feito, alocando recursos púbicos à educação, naturalmente difere. Seria leviano comparar um país da África Subsaariana, com elevados contingentes de seus habitantes situados nas faixas inferiores a 17 anos, com o Japão, cuja população é majoritariamente adulta.

Por último, fatores institucionais próprios de cada país podem afetar a distribuição dos gastos em educação entre o setor público e o setor privado. Comparemos a média dos 27 países que integram a União Europeia, com o Japão. A média de gasto público entre os primeiros é de 5–6% do PIB. No Japão, é de 4%. Contudo, neste último país o gasto privado chega a 1,5% do PIB, sendo quase nulo nos países da União Europeia. Nos EUA, o gasto privado (2% do PIB) também tem relevância como complemento do gasto público (5–6%).[71]

---

[69] Quando se compararam valores absolutos entre países, uma vez que os mesmos têm diferentes unidades monetárias, geralmente as magnitudes são expressas em dólares. Como o poder de compra de um dólar, em cada país, muda, para contornar essa diferença se utiliza a denominada PPP (Paridade do Poder de Compra). Dessa forma, o gasto por aluno deveria ser feito, para assegurar a comparabilidade internacional, em termos de dólares devidamente corrigidos pela PPP. Os dados que citamos do Catar e da República Centro-Africana estão em PPP (Fonte: FMI). Todos os dados a seguir estarão em PPP.

[70] Fonte: Eurostat.

[71] Fonte: Eurostat.

3. As Variáveis Explicativas

No caso do Brasil, o debate público sobre os gastos em educação girou, nos últimos anos, em torno de duas metas: alocar 10% do PIB em educação e destinar 25% dos recursos oriundos do pré-sal na educação. Em ambos os casos, a hipótese (quase explícita) consiste em supor que alocar mais recursos públicos possibilitará elevar quantitativa e qualitativamente a educação no Brasil.[72]

Existe certo consenso sobre a conveniência dessas iniciativas. Contudo, não faltam vozes dissonantes, que alertam sobre a inconsistência dessas medidas. Menezes Filho (2012, 2014. v. 1, 2014. v. 2, por exemplo), um dos mais reconhecidos pesquisadores brasileiros que avaliam a educação desde um ponto de vista econômico, sustenta que os decepcionantes resultados do país na área não são produto de uma restrição nos recursos disponíveis, senão da qualidade da gestão. Ou seja, desde outro ângulo com os mesmos montantes financeiros hoje disponíveis, seria possível obter melhores resultados. Por outra parte, a demanda por recursos para educação não pode estar alheia às tendências demográficas, ponto salientado por Arbache (2011). Na medida em que o Brasil está em plena transição demográfica, com a população jovem perdendo importância (relativa e absoluta) na pirâmide populacional, e supondo que o país reencontre sua trajetória de crescimento, cada vez mais recursos serão destinados a uma população menor (crianças e jovens). Simultaneamente, essa alteração nos pesos das distintas faixas etárias demandará uma realocação do gasto público em favor de áreas como saúde e aposentadoria, onde predominam beneficiários na idade adulta e idosa.

Ou seja, o Brasil não foge ao histórico debate em torno das causas de seus indicadores educacionais: falta de recursos ou falta de eficiência na utilização das disponibilidades financeiras já disponíveis? As opções escolhidas indicam que o pêndulo tende à disponibilidade de mais re-

---

[72] No caso específico dos recursos do pré-sal, destinar um percentual das receitas à educação teria como objetivo fugir da denominada "maldição dos recursos naturais", hipótese segundo a qual países com abundantes recursos naturais (especialmente petróleo e minérios) apresentam, no longo prazo, menores índices de desenvolvimento econômico e social. Transferir parte da receita gerada por um recurso natural não renovável à educação possibilitaria acelerar o crescimento futuro e reduzir as desigualdades. Voltaremos sobre este ponto no próximo capítulo.

cursos nas próximas décadas. Em que medida essa maior folga financeira se traduzirá em melhores resultados, é uma questão em aberto.

Contudo, o debate sobre os nexos entre montante disponibilizado para educação e resultados só manifesta o início da discussão. Assumamos o cenário mais realista para o Brasil em um futuro imediato: a maior disponibilidade de financiamento. Dada essa maior folga nos recursos, outra pergunta assume relevância: como vai ser distribuído o maior orçamento?[73] Observemos que as alternativas são diversas: elevar os salários dos professores, melhorar a infraestrutura, aprimorar a formação dos docentes, reduzir o tamanho das turmas etc. A lista pode ficar próxima do infinito e, como já mencionamos no começo deste capítulo, a possibilidade de incluir ou não uma variável corre o risco de ser influenciada, mais fortemente, pela intuição que norteada em correlações robustas surgidas de modelos analíticos. Nos próximos parágrafos, vamos discorrer sobre as mais usualmente abordadas na literatura. O nosso objetivo não será, por uma questão de espaço, esgotar o leque de possibilidades.

b) Salários, carreira docente e status social dos professores

Obviamente, assumir que existiria uma correlação positiva entre salários dos professores e performance dos alunos (ou seja, quanto maiores forem os salários dos professores, melhores serão os resultados do processo pedagógico) parece uma bandeira corporativista, tão usual, como esperada no discurso dos sindicatos do corpo docente. Contudo, podemos imaginar que um impacto positivo esteja fundamentado em razões além daquelas próprias e legítimas do movimento sindical?[74] A resposta é sim e, neste caso, alguns referenciais na teoria econômica podem ser facilmente identificados.

---

[73] Mesmo na suposição de dar prioridade à eficiência dos recursos já disponíveis em lugar de procurar ampliá-los, a pergunta é: como redistribuir (que rubricas penalizar e quais beneficiar) os recursos já disponíveis para ampliar a eficiência?

[74] Nos próximos parágrafos, quando qualificarmos os salários dos professores em altos ou baixos teremos, implicitamente em consideração, uma escala relativa e não absoluta. Ou seja, os salários dos professores comparados aos rendimentos em outra ocupação requerendo o mesmo nível de qualificação.

3. As Variáveis Explicativas

Existe um modelo analítico que estabelece uma relação entre salários pagos e produtividade: quanto maiores forem os rendimentos, maior seria a produtividade do trabalho. Este modelo é conhecido como salários de eficiência.[75] As justificativas podem ser diversas. Um assalariado bem pago se sente "bem tratado" pelo empregador e, nesse sentido, deveria retribuir com maior dedicação, empenho etc. Outra possibilidade reside no fato que um trabalhador bem pago deve mostrar maior dedicação e empenho, uma vez que, no caso de ser flagrado em condutas displicentes, perderia o emprego, provavelmente vendo reduzidas suas chances de continuar em um segmento do mercado (professores) que goza de elevados rendimentos.[76] Por último, mais uma alternativa seria associar os salários pagos aos professores como uma manifestação do "prestígio" ou "valorização" que a sociedade atribui ao professor e, logicamente, quanto maior esse "prestígio", maior seria o empenho e dedicação dos docentes.[77]

Também é plausível que os salários, perspectiva de desenvolvimento pessoal e profissional, prestígio etc. do status de professor sejam aspectos que tornem o mercado de trabalho docente atrativo para os indivíduos mais qualificados e com certas características individuais (iniciativa, criatividade etc.). Desde outra perspectiva, em um mercado de trabalho docente com baixos salários, poucas perspectivas de desenvolvimento pessoal e profissional, baixo status social etc. não podem ser esperados resultados pedagógicos impactantes, dado que os indivíduos atraídos por ele não serão aqueles mais qualificados nem gozariam do perfil (criatividade, iniciativa etc.) necessário para o processo pedagógico. Menezes-Filho e Pazello (2007), por exemplo, sugerem que, no caso do Brasil, a elevação dos salários relativos dos professores, como ocorreu no Brasil a partir de 1998 com o FUNDEF, pode ter impactos

---

[75] Existem, na literatura especializada, inúmeros artigos apresentando diversas variantes dos modelos de salários de eficiência. O leitor interessado em uma síntese, pode consultar Ramos (2012).

[76] Obviamente, a dispensa por desempenho não se aplica no caso de os docentes serem funcionários públicos contratados por concurso, já que gozariam de estabilidade no emprego. Justamente, certos argumentos identificam a suposta ineficiência no Brasil dos gastos públicos na educação. No mercado de trabalho, onde prevaleceriam empregados com estabilidade no emprego, singularidade que comprometeria a produtividade. Voltaremos sobre este ponto nos próximos parágrafos.

[77] Diversos estudos sugerem que a autoimagem dos professores e a valorização que a sociedade tem da carreira docente é relevante no processo educativo. Ver, por exemplo, OCDE (2005).

sobre o desempenho dos alunos uma vez que atrai, para a carreira docente, indivíduos com maior qualificação.

Nos parágrafos anteriores, apresentamos um nexo entre salários e produtividade (resultado do processo pedagógico), sendo que a relação de causalidade vai dos salários (ou das características do mercado de trabalho docente em geral) à produtividade (salários → produtividade). Contudo, nos últimos anos, sem negar essa correlação e ordem de causalidade, a possibilidade de restabelecer alguma relação entre produtividade e salários (produtividade → salários) é introduzida no debate. Salários fixos, independentemente do resultado, poderiam redundar em atitudes laxistas, pouco empenho, fala de comprometimento com as tarefas cotidianas etc. Segundo esta linha de argumentação, esses comportamentos poderiam ser potencializados no caso dos funcionários públicos com estabilidade no emprego. Seguindo experiências internacionais, especialmente nos EUA, no Brasil está sendo introduzida essa prática (nos estados de Pernambuco, São Paulo, municípios de Teresina — PI, Sobral — CE, por exemplo). Em termos teóricos, espera-se que esse bônus de desempenho induza atitudes, práticas etc. que tenham impactos positivos nos resultados.[78]

Existem duas possibilidades de outorgar esses bônus. Uma pode ser individual e outra coletiva, de acordo com a unidade de avaliação. E beneficiaria a escola (todos os integrantes da escola) e não apenas o indivíduo (professor). Os argumentos em favor de uma e outra possibilidade são diversos. Aqueles que privilegiam o professor como unidade a ser avaliada e eventualmente beneficiada, sustentam que os esforços e dedicação individual serão maiores quanto mais individualizada for a monetarização do desempenho. Aqueles que privilegiam a escola como unidade avaliada e eventualmente beneficiada monetariamente, argumentam que o processo pedagógico é coletivo, dependendo do professor, mas também do conjunto de assalariados do estabelecimento escolar.

---

[78] Retomaremos este aspecto neste mesmo capítulo, quando abordarmos a questão da flexibilidade da organização do estabelecimento.

c) Remuneração e valor agregado

Apresentamos nos parágrafos anteriores, os argumentos em favor de uma relação entre remuneração (seja ela individual ou distribuída entre todos os membros do estabelecimento escolar) e o desempenho. Uma crítica a esse nexo diz respeito a um aspecto que analisamos no Capítulo I, quando salientamos que o resultado do processo educativo é influenciado por diversos fatores (ambiente familiar, ambiente social, estabelecimento escolar etc.) e não é um produto exclusivo do estabelecimento e de seu corpo docente e não docente. As atitudes, iniciativas, qualificação etc. dos funcionários podem ser importantes, mas interagem com outras dimensões. Assim, um mesmo processo pedagógico, levado adiante por indivíduos docentes igualmente qualificados e motivados não terá o mesmo resultado em um ambiente social de baixa educação, com restrições de renda, violência, precárias condições de higiene etc. quando comparado com outro no qual prevalece um ambiente oposto. Comparar resultados educacionais com contextos distintos, careceria de sentido. Obviamente, o mesmo processo pedagógico levado adiante por profissionais identicamente qualificados e motivados terá um resultado diferente segundo o ambiente no qual é levado a cabo (ao menos, espera-se isso. Remetemos o leitor ao Capítulo I, onde apresentamos as razões). Nesse sentido, gratificar financeiramente (seja individualmente, seja o coletivo do estabelecimento) em função dos resultados pode ser, além de injusto, ineficiente, uma vez que não necessariamente são incentivadas as melhores práticas e comportamentos. Uma forma de contornar esse problema consiste em trabalhar com o Valor Agregado (VA) por cada indivíduo ou escola. Ou seja, quanto o professor ou o estabelecimento "agregou", em termos de conhecimentos e habilidades, ao indivíduo que recebeu como aluno.

Em termos teóricos, esta alternativa dificilmente pode ser desqualificada ou questionada. Sua falta de popularização tem origem em sua difícil instrumentalização. Deveriam ser realizadas provas no momento da entrada no estabelecimento para, em um período posterior, voltar a avaliar para quantificar o VA. Esta dificuldade na instrumentalização redunda em uma alternativa que consiste na fixação de metas por municípios/estados e a comparação dos resultados atingidos por turma ou escola, ou simplesmente na comparação entre escolas/turmas. As remunerações estariam em função do resultado atingido com respeito às metas. Como afirmamos no parágrafo anterior, não gratificar o VA pode ser injusto e ineficiente, uma vez que, não necessariamente, os maiores esforços e as melhores práticas vão contar com um *plus* em sua remuneração. Por outra parte, se esse bônus por desempenho é relevante, os professores tenderão a procurar alocações em turmas/estabelecimentos que contem com alunos com um elevado capital humano inicial ou um ambiente socioeconômico que viabilize os maiores ganhos.

As tentativas em verificar empiricamente a aderência entre salários dos professores e alguma medida de performance abundam na literatura. Em geral, uma corrente é extremamente pessimista sobre a importância dos gastos nas escolas (inclusive os salários dos professores) como variável que afeta as variáveis de performance (Hanushek, 1997 — por exemplo). Outros estudos empíricos encontram um impacto positivo (Loeb and Page, 2000 — por exemplo). Os resultados são muito sensíveis às técnicas estatísticas utilizadas, ao período de tempo, à fonte de dados, ao espaço geográfico etc.

d) Capital humano dos professores

Outras variáveis que são usualmente associadas aos professores e que dizem respeito a seu capital humano geralmente são a idade, experiência, máximo nível de escolaridade atingido etc.[79] Em todos os casos, esperamos que os impactos sejam positivos sobre o output. Muitas dessas variáveis podem estar vinculadas com os salários. Ou seja, elevados salários e planos de carreira podem reduzir a rotatividade e o corolário será um estoque de indivíduos no corpo docente com maior antiguidade e experiência. Teoricamente, salários elevados, boas condições de emprego, reconhecimento etc. (ou seja, as variáveis que identificamos nos parágrafos anteriores) podem gerar um mercado de trabalho que seja atrativo para os jovens bem qualificados, que estejam saindo do sistema escolar e visualizam na carreira docente uma alternativa duradou-

---

[79] A legislação assume que essa correlação positiva entre nível de escolaridade do corpo docente impacta no processo pedagógico e, nesse sentido, a Lei de Diretrizes e Bases da Educação Nacional estabelece que todos os docentes dos ensinos fundamental e médio deveriam ter diploma de ensino superior, seja em pedagogia, seja uma licenciatura.

ra; o resultado será professores experientes, bem qualificados, motivados etc. Não obstante esse contexto geral ter um notável apelo ao "bom senso", quando transitamos desses resultados esperados para os testes empíricos a aderência, lamentavelmente, não parece tão pacífica.[80]

e) Infraestrutura, material didático, laboratórios, bibliotecas, computadores etc.

Os insumos materiais (sua quantidade, qualidade, disponibilidade etc.) mais suscetíveis de merecer avaliação são os mais diversos e vão desde bibliotecas, passam pela energia, água, banheiros etc. e chegam às características das salas de aula, aos instrumentos pedagógicos (quadros-negros, tablets, computadores etc.), à acústica das salas, à existência de restaurantes etc.[81]

Partes desses elementos podem merecer uma avaliação que vai além da dimensão pedagógica ou econômica. Por exemplo, seria pertinente tentar avaliar em que medida a disponibilidade de água encanada melhora a performance? Podemos aceitar uma escola de lata? Ou seja, parte dessa infraestrutura pode dizer respeito a condições mínimas de bem-estar material e não deveriam merecer maiores avaliações. Por exemplo, como acabamos de afirmar, careceria de sentido avaliar se a disponibilidade de água encanada tem impacto ou não sobre a performance acadêmica dos alunos, uma vez que esse é um requisito elementar para uma vida digna. Poderíamos realizar considerações similares para as salas (iluminação, arejamento, limpeza etc.) ou outros itens de infraestrutura.

À margem desses aspectos que dizem respeito a mínimos materiais, existe uma amplíssima gama de aspectos que são suscetíveis de avaliação: a construção de escolas tem impacto sobre a escolarização da população infantil e jovem? O fato de uma escola ter biblioteca, contribui para melhorar os resultados? A disponibilidade de material escolar para os alunos (borrachas, cadernos, livros didáticos etc.) tem relação

---

[80] Por exemplo, Meireles Guimarães e Carnoy (2012) encontram que as qualificações dos professores influenciam os resultados em matemática, mas não teriam influência no caso de português.

[81] O leitor interessado pode encontrar uma ilustração da extensa gama de variáveis que pode ser incluída em INEP/UNICEF/UNDP (2004).

com a performance? As possibilidades de perguntas ou itens a serem avaliados são quase infinitos. Por exemplo, Duflo (2001), em um artigo muito citado, analisa a experiência da Indonésia na década de 1970 para concluir que a construção de escolas tem um impacto significativo sobre a formação de capital humano do país e sobre os salários. A literatura internacional é farta no tocante a este quesito e, nesse sentido, as pesquisas no Brasil acompanham essa tendência.[82]

f) Tamanho da turma

Em que medida o tamanho da turma ou a relação professor/aluno (quantos alunos por professor) influencia o desempenho dos estudantes é um dos nexos que maior atenção recebeu dos pesquisadores. Em princípio, essa relação de causalidade merece atenção, porque diz respeito, diretamente, aos gastos. Ou seja, uma relação professor/aluno mais elevada requer maiores despesas. Ou seja, esta seria uma das possíveis formas de avaliar em que medida melhores rendimentos escolares são produto de um maior gasto em educação, debate iniciado, como já salientamos, com o Relatório Coleman de 1966 nos EUA.[83]

Como todas as variáveis passíveis de avaliação no processo educativo, sustentar que o tamanho da turma tem algum impacto nos resultados, tem um grande apelo intuitivo.[84] As justificativas podem ser várias: os alunos com algum tipo de desvantagem ou problemas poderiam merecer maior atenção, acompanhando as singularidades de cada aluno, o ensino poderia ser mais individualizado, o estudante teria possibilidades de maior participação no transcurso da aula, as relações pessoais entre os alunos seriam mais estreitas, gerando solidariedades no estudo ou em dificuldades pessoais, os professores teriam maior interação com

---

[82] É difícil (e pode ser injusto) escolher aleatoriamente alguns artigos de autores nacionais como exemplo. Menezes-Filho (2006), por exemplo, utilizando dados do SAEB (Sistema de Avaliação do Ensino Básico) tenta estabelecer os nexos entre algumas das variáveis antes mencionadas e a performance obtida nessa prova de avaliação. Um bom *survey* sobre essa literatura pode ser encontrado em De Felício (S/D).

[83] Seção 3, tópico "a" deste capítulo.

[84] O cociente professor/aluno, em certas pesquisas, é também uma das variáveis a ser levada em consideração para determinar a qualidade de um estabelecimento. Ver, por exemplo, Card e Krueger (1992). Para uma resenha dos resultados obtidos nas pesquisas internacionais sobre o impacto da relação professor/aluno na performance escolar, ver Hanushek (1989).

3. As Variáveis Explicativas

os pais dos alunos, um menor tempo seria desperdiçado no controle da disciplina etc.[85]

Os artigos publicados na literatura internacional sobre o tema não nos permitem apresentar uma relação definitiva ou robusta. As conclusões variam ao sabor da fonte de dados, da técnica utilizada, do período, da região etc. Em termos de referencial extremamente citado e que já mencionamos (ver Seção 2 deste capítulo), Angrist e Lavy (1999) utilizam o caso de Israel, país no qual o tamanho da sala só pode comportar um máximo de quarenta alunos e, aproveitando esse fato legal, avaliam o impacto do tamanho da turma, chegando a uma conclusão forte: o tamanho tem influência no resultado.[86] Krueger (1999) chega à mesma conclusão utilizando dados do STAR (*Student/Teacher Achievement Ratio*), programa cujo objetivo era reduzir o tamanho das turmas e foi levado adiante, durante quatro anos, na segunda metade dos anos 1980 no Tennessee (EUA). Nessa ocasião, 11.600 alunos foram alocados aleatoriamente em classes ou de 13–17 alunos ou de 22–26. As conclusões de Krueger não unicamente são positivas, como teriam maior impacto quanto mais pobre ou pertencentes a minorias fossem os alunos. Contudo, Hoxby (2000), desenvolvendo uma pesquisa com dados de 24 anos no estado de Connecticut (EUA) chega a uma conclusão oposta: a relação professor/aluno não tem nenhum impacto sobre a performance acadêmica dos alunos. No Brasil, diversos trabalhos incluíram o tamanho da turma como uma variável a mais em funções mais gerais. Os resultados não são conclusivos sendo que o sinal (positivo, neutro ou negativo) depende da série e da matéria.[87]

Os resultados das pesquisas diferem, uma vez que existem diversas variáveis que podem estar afetando os resultados e são de difícil identificação ou tratamento. Por exemplo, boas escolas podem ter maior

---

[85] A heterogeneidade dos alunos influencia os resultados e inibe generalizações, uma vez que o tamanho da turma pode interagir com o perfil individual. Por exemplo, turmas pequenas podem ser importantes para alunos indisciplinados, mas serem neutras para os outros. Sobre essas relações ver Lazear (2001).

[86] Essa máxima tem raiz religiosa e possui sua origem no século XII, quando o filósofo Maimônides determinou que o ensino da Torá (o livro sagrado do judaísmo) não podia comportar mais de quarenta alunos por aula.

[87] Menezes-Filho (2007) especifica uma função com diversas variáveis, dentre as quais o tamanho da turma e o tamanho da turma ao quadrado (esta última variável para outorgar concavidade à relação, ou seja, se os ganhos são ou não decrescentes). Os sinais mudam se a escola for pública ou privada, a série etc. Ou seja, não podemos generalizar.

demanda e serão maiores as relações professor/aluno. Por outra parte, quando são realizados experimentos aleatórios, os alunos podem alterar o comportamento, uma vez que sabem que estão sendo avaliados e percebem que foram alocados a turmas de diferente tamanho.[88] Não obstante a farta literatura empírica, a relevância em termos de política pública e de certo apelo intuitivo, a questão do impacto do cociente professor/aluno continua em aberto.

g) Organização da escola (autonomia, remuneração, prestação de contas — accountability

O tipo de organização do estabelecimento escolar é assumido como sendo um aspecto crucial na configuração dos resultados e essa relevância induz a esforços de pesquisa no tocante a sua avaliação. Os aspectos dessa organização podem ser diversos e todos eles deveriam merecer pesquisa. Nos próximos parágrafos, vamos discorrer sobre alguns deles, os geralmente tidos como principais.

A autonomia da organização do estabelecimento (*empowerment schools*) é corriqueiramente mencionada como uma variável que deveria contribuir para melhorar os resultados. Quanto maiores a flexibilidade e a autonomia dadas à escola para organizar o processo pedagógico, devem-se esperar desdobramentos positivos sobre os resultados do estabelecimento. Considerando um dado perfil de conhecimentos, habilidades e valores que um estudante deva adquirir em sua passagem pelo sistema escolar, em termos organizacionais teríamos dois extremos. Por um lado, uma total autonomia e o estabelecimento poderia organizar o processo educativo segundo seus critérios (contração de pessoal, remuneração, infraestrutura etc.) limitando-se o poder público a avaliar os resultados e determinar em que medida o perfil de conhecimentos preestabelecidos foi atingido. O financiamento poderia ser público sendo, por exemplo, um montante fixo por aluno ou algum tipo de remuneração em função dos resultados. Neste caso, poderíamos imaginar até algum tipo de concorrência entre estabelecimentos pelos alunos, resultando no que Glennerster (1991) denomina de "quase-mercado"

---

[88] Alterar o comportamento devido ao fato de estar sendo avaliado introduz um viés nas pesquisas, denominado de Efeito Hawthorne.

3. As Variáveis Explicativas

para a educação. No outro extremo, teríamos um modelo totalmente estatal, sendo o currículo, a forma de organização, as contratações, as remunerações etc. fixados pelo Estado.

A primeira alternativa ("quase-mercado") fundamenta suas teses no sistema de incentivos que geraria essa flexibilidade. Professores e escolas seriam remunerados em função de resultados e poderiam ser penalizados, ou mesmo, descredenciados. O estabelecimento poderia escolher o mix de infraestrutura/métodos pedagógicos/currículo para reduzir custos, respeitando as metas preestabelecidas pelo Estado. Teoricamente, quanto mais personalizadas forem a avaliação e a remuneração, maior seria o incentivo, uma hipótese testada por Muralidharan e Sundararaman (2011) no Estado de Andhra Pradesh (Índia) com resultados positivos. Segundo a formatação do marco institucional, poderia até existir uma concorrência entre estabelecimentos ("quase-mercado"). Nesse contexto, podem ser visualizados os *vouchers* para educação, que seria um "título" pelo qual o portador pode comprar um bem ou serviço específico (neste caso, educação). Tal sistema induziria a concorrência, na medida em que o portador poderia escolher o estabelecimento a frequentar. Os partidários de um sistema "quase-mercado" argumentam que um sistema totalmente estatal gera incentivos adversos para a eficácia ou eficiência ou, colocado em outros termos, uma forma de organização como a prevalecente nas burocracias do Estado (contratações via concursos, estabilidade no emprego, salário fixo, sistema de licitações nas compras etc.) não gera incentivos para elevar quantitativa ou qualitativamente a educação, uma vez que o gerenciamento estaria engessado por estritos e burocráticos instrumentos legais.

Essas propostas, como não podia deixar de ser, são motivo de debate e existem tentativas de verificação empírica cujos resultados são ambíguos. Lavy (2002), por exemplo, avaliando um programa de Israel que dava incentivos às escolas e aos professores, compara os resultados desse grupo de tratamento com um grupo de controle, sendo o efeito positivo em termos de resultados. A crítica a este tipo de organização escolar diz respeito ao perfil pedagógico que seria dado aos alunos, centrado exclusivamente nos testes de avaliação, sendo negligenciados aspectos mais gerais. Por outra parte, em termos de incentivos, na medida em que a remuneração depende dos resultados dos testes, poderia existir uma tendência a "trapacear" os resultados. Jacob e Levitt (2003) sugerem essa prática em Chicago (EUA).

No contexto dessa polêmica ("quase-mercado" *versus* organização burocrática/estatal), proliferaram tendências e experiências pilotos que tendem a outorgar maior flexibilização e autonomia ao estabelecimento no tocante aos processos administrativos e pedagógicos. Muito mencionado na literatura foi o processo na Inglaterra, que começou em 1980 (*Education Act* em 1980, *Education Reform Act* em 1988, *Local Management of Schools* — LMS em 1989 etc.) e que tende a prevalecer até hoje (ver *The Economist*, 2014). Trajetória similar foi trilhada por diversos países (Austrália, Nova Zelândia, Suécia etc.). No Brasil é particularmente citada e estudada a experiência desenvolvida no Estado de Nova York (EUA), desde 2002.[89]

Essa maior autonomia ao estabelecimento tende a estar articulada com a introdução de atividades de avaliação e "prestação de contas" (*accountability*).[90] A lógica seria, mais ou menos, a seguinte: o estabelecimento tem flexibilidade para combinar insumos (bibliotecas, material escolar etc.), priorizar atividades, remunerar e contratar recursos humanos etc. sem estar amarrado a normas burocráticas e exigências centralmente estabelecidas. Mas essa liberdade deve estar associada a um output que deve ser avaliado. Por outra parte, essa avaliação tem de estar disponível (ser feita pública), a fim de o Estado, a comunidade e as famílias terem um instrumento de "cobrança".[91]

Os espaços para levar adiante reformas com essas características são muitas vezes limitados. Por exemplo, as possibilidades de contratação de professores, a fixação de seus salários ou, em geral, de suas formas de remuneração, e a eventualidade de seu desligamento são muito res-

---

[89] Ver, por exemplo, Gall e Guedes (S/D).

[90] Além dos ganhos de eficácia e eficiência de um sistema de descentralização e flexibilização por razões associadas a incentivos, maior eficiência seria lograda mediante a eliminação de mecanismos de controle e supervisão por parte do Estado. O parâmetro para punir ou recompensar seriam os resultados das avaliações, sendo redundantes gastos com fiscalização por parte das autoridades.

[91] Em tese, as prestações de contas mediante às avaliações teriam de ter um impacto positivo nos resultados. Contudo, os testes empíricos nessa direção induzem a ter cautela. Ver, por exemplo, Hanushek e Raymond (2004).

3. As Variáveis Explicativas

tritas (ou quase inexistentes) no serviço público. Podem, também, ocorrer certas restrições alimentadas pela tradição e/ou inércia. Só a título de exemplo, mencionemos o caso das bibliotecas nas escolas. Assumamos que a direção de uma escola decida não investir em uma biblioteca no estabelecimento porque considera que alocar recursos financeiros a esse fim não é eficiente (teria um maior retorno, em termos de resultado pedagógico, direcionar esse montante a outro fim). Será que podemos vislumbrar que, no imaginário popular, é possível assumir um estabelecimento escolar sem biblioteca porque esta não é eficaz ou eficiente?

Por último, mencionemos o debate em torno da divulgação dos resultados das avaliações. Seriam dois os objetivos dessa disponibilidade. Por uma parte uma cobrança/controle, uma vez que a maior liberdade organizacional e pedagógica teria de ter algum tipo de "prestação de contas", a fim de a comunidade, ou o Estado, ou mesmo a própria direção do estabelecimento ter algum retorno sobre a eficácia e eficiência das escolhas realizadas. Contudo, a divulgação da avaliação também seria uma forma de introduzir certa "concorrência" (lembremos o "quase-mercado" que mencionamos anteriormente) entre estabelecimentos. Ao tornar públicos os resultados da avaliação, poderia ser introduzida uma concorrência entre escolas, uma vez que seriam demandadas as unidades escolares com melhor avaliação, fato que refletiria a pertinência das escolhas realizadas.

As divulgações podem ter distintos níveis de desagregação. Pode, por exemplo, ser realizado a partir de algum espaço geográfico/administrativo (estado, município, bairro etc.) e, no limite, chegar a sala de aula, aluno e professor. Em caso de bônus por resultado a ser pago ao professor, a avaliação teria de ser desagregada até o nível de professor. Diferentemente de um passado recente, implementar alguma avaliação é, hoje, quase consenso. Contudo, a desagregação e individualização dos resultados ainda é um aspecto de polêmica. Por exemplo, os críticos de uma desagregação total sustentam que os resultados dos processos pedagógicos são produto ou de uma atividade coletiva (no estabelecimento, por exemplo), onde não podem ser desagregadas individualidades, ou mesmo da "qualidade" do insumo, que, neste caso, seriam os alunos.[92] Assim, a medida de avaliação deveria ser o valor agregado e não um resultado absoluto. Continuando com esta perspectiva crítica, argumenta-se que, na medida em que o sistema de alocação de recursos ou a remuneração estão em função dos resultados, podem ocorrer dois desdobramentos não desejados. Por um lado as escolas podem tender a admitir só alunos com potencial, marginalizando os outros.[93] Simultaneamente, a formação dos jovens estaria direcionada, preponderantemente, ao perfil definido pelos testes de avaliação.

O certo é que toda esta perspectiva que visa elevar a eficácia e eficiência do sistema escolar, mediante a flexibilização da organização dos estabelecimentos, deve ser entendida como um "pacote", no qual se introduzem incentivos financeiros por resultados e, para esse fim, as ferramentas complementares são a flexibilidade na contratação e organização dos estabelecimentos, a descentralização, a avaliação e prestação de contas (*accountability*). Um exemplo dessa perspectiva são as denominadas *Escolas Charter*, estabelecimentos com financiamento público/privado, não sujeitas às normas burocráticas do serviço público no tocante à gestão, financiamento em função do número de estudantes, excelência no ensino, avaliação por resultados, concorrência entre escolas ("quase-mercado") etc. Esta alternativa de organização do sistema escolar foi uma iniciativa que começou nos EUA (particularmente nas cidades de Nova York e Chicago), reproduzida em vários países (Austrália, Inglaterra etc.) e já podem ser identificadas algumas iniciativas nesse sentido no Brasil (Nogueira Dias e Mota Guedes, S/D).[94]

h) O ambiente social

Como já afirmamos, os maiores gastos na escola (via salários dos professores, infraestrutura, tamanho das turmas etc.) sempre foram muito questionados uma vez que os testes empíricos nunca foram conclusivos. A história dos céticos vem desde a primeira grande avaliação

---

[92] Sobre este ponto, ver Capítulo I.

[93] Este aspecto é muitas vezes contornado mediante a eleição dos alunos por sorteio ou localização geográfica.

[94] No caso dos EUA, essa estratégia acompanha a iniciativa conhecida como *No Child Left Behind Act (NCLB)*, que privilegia grupos vulneráveis como população alvo, mas introduz avaliações periódicas, informes de avanço, qualificação dos professores etc.

3. As Variáveis Explicativas

(o informe Coleman, nos anos 1960), a qual tinha relativizado os insumos dos estabelecimentos escolares nos resultados e colocado como sendo crucial o ambiente socioeconômico do qual faz parte o aluno.

Como afirmamos no Capítulo I, o capital humano (habilidades cognitivas, capacidade de aprender, flexibilidade de interagir socialmente etc.) é transmitido não unicamente na escola, mas dentro da família, na interação com os amigos etc. Nesse sentido, o informe Coleman pode ser visto como integrando uma corrente na qual o ambiente constitui o fator preponderante na explicação dos resultados. Contrariamente, aqueles que salientam a importância do sistema escolar não negligenciam a relevância do meio social/familiar, mas sustentam que as atividades nos estabelecimentos podem alterar ou modificar essa herança. Ou seja, ninguém nega a relevância do ambiente, o divisor de águas está situado em sua importância, se existe ou não um determinismo social.

A educação dos pais é a variável que mais aproxima essa herança educativa. Muitos privilegiam a educação da mãe, pela maior convivência com seus filhos. A renda também pode ser uma *proxy* do ambiente, só que a renda tem uma estreita correlação com a educação. Podem-se complementar esses dados com outros (Há livros na casa? Os pais têm hábitos de leitura? Etc.), todos na direção de tentar quantificar o impacto do ambiente nos resultados escolares. Além desses impactos diretos, um leque muito amplo de variáveis pode ser considerado como aproximações ao ambiente (Há computador em casa? Quantidade de irmãos, quantidade de pessoas no domicílio, quantidade de pessoas por quarto, distância entre o domicílio e o estabelecimento escolar etc.).

Em geral, a inclusão de variáveis depende muito de sua disponibilidade na base de dados. Havendo uma variável nessa base, dificilmente o pesquisador fugirá à tentação de incluí-la.[95]

Não unicamente o universo familiar ou domiciliar gera interações que alteram capacidades, valores, comportamentos etc. O grupo de

---

[95] O leitor interessado pode ter em Menezes-Filho (2006) um bom exemplo das variáveis normalmente consideradas como tentativa de aproximação ao ambiente socioeconômico.

amigos, o bairro etc. também podem exercer influência, mesmo que a intuição induza a pensar que essa influência seja menor.

i) O efeito da turma (peer effects)

Já restringindo nosso olhar ao estabelecimento escolar, os valores, atitudes, comportamentos, gostos, conteúdos técnicos etc. não são gerados hierarquicamente mediante a disciplina das autoridades ou o currículo, mas também no convívio diário com os colegas. Esse tipo de interação influencia resultados. Tratamos esses aspectos no Capítulo I e não nos deteremos aqui sobre essas variáveis.

Contudo, a questão é como introduzir, nas análises empíricas, essa dimensão social que extrapola o ambiente familiar ou o bairro. As alternativas são diversas. Por exemplo, incluir as notas médias da turma como uma das variáveis explicativas da nota individual, ou calcular a educação dos pais dos colegas ou de sua renda etc. A aproximação do ambiente econômico/social em relação à escola ou à sala de aula pode revestir tanta importância quanto tentar aproximar o ambiente familiar/domiciliar.[96]

j) Fazer parte da população ativa (integrar o mercado de trabalho)

Que um aluno procure trabalho ou esteja ocupado tem influência em seu desempenho? A resposta intuitiva é sim, compromete tanto a qualidade quanto a quantidade (a expectativa é que jovens integrados no mercado de trabalho repitam mais ou abandonem mais cedo os estudos). A necessidade de fazer parte da PEA (População Economicamente Ativa) e obter alguma renda pode estar vinculada à condição socioeconômica familiar, tema que já mencionamos nos parágrafos anteriores.

A resposta intuitiva que integra a PEA ao comprometimento quantitativo e qualitativo do desempenho escolar pode estar mediada por diversas nuances que a relativiza. Vamos mencionar duas.

---

[96] Obviamente, pode existir (certamente, existirá) certa aderência entre as dimensões sociais/econômicas, familiares/domiciliares e escolares. Essa correlação pode acarretar alguns problemas estatísticos que não serão tratados no presente livro.

3. As Variáveis Explicativas

No sistema de escola dual, já na adolescência, o jovem pode ter experiência de trabalho (aprendizado no "chão de fábrica") como uma atividade que integra seu currículo (formação). Nesse caso, a articulação de seu aprendizado entre uma dimensão teórica na sala de aula e outra prática no contato direto com o cotidiano de uma atividade pode ajudar a evitar os custos da transição entre o sistema escolar e o mundo do trabalho (*school-to-work transition*), custos que se manifestam no elevado desemprego jovem na maioria dos países. Na escola dual, paradigma na Alemanha e na Suíça e em menor medida nos países nórdicos, esse tipo de formação, na qual se combinam aspectos teóricos com aquisição de conhecimentos e habilidades específicas e valorizadas no mercado de trabalho, pode ser associada a uma forma de acumulação de capital humano mediante o trabalho.[97]

Justamente, a segunda nuance que podemos mencionar diz respeito a estágios já no ensino superior. Trabalhar em um estágio compromete quantitativa ou qualitativamente os estudos? A resposta está longe de ser taxativa. No caso de um estágio complementar à formação, pode haver melhora no capital humano que o jovem acumula no sistema escolar e visar seu perfil de formação para o requerido no mercado de trabalho. Contrariamente, no caso de as atividades do estágio não estarem relacionadas com a formação, pode comprometer a quantidade e a qualidade de seus estudos.

Por fim, a resposta à indagação sobre se o trabalho compromete quantitativa e qualitativamente o desempenho escolar, vai depender de aspectos qualitativos sobre o tipo de trabalho desenvolvido.

k) Aumentar o tempo de permanência na escola

Elevar o tempo de permanência de uma criança ou jovem no estabelecimento escolar, extensão que pode chegar ao período integral, é uma medida de política que recorrentemente é introduzida no debate. Em princípio, a iniciativa teria certo apelo à intuição e poderia até redundar

---

[97] As atividades no "chão de fábrica" não unicamente contribuiriam para acumular habilidades técnicas, senão também para moldar valores, comportamentos, atitudes etc. não comuns no sistema escolar, mas sim no mundo do trabalho.

em maior igualdade de oportunidades. Maior tempo na escola permite maior agregação de capital humano, maiores incentivos a atividades extracurriculares, maior tempo de apoio para crianças/jovens com dificuldades na aprendizagem etc. Por outra parte, famílias com suficientes recursos financeiros podem complementar a formação de seus filhos com tarefas (como esporte, idiomas etc.) que complementam a formação básica. Em ambientes com limitações orçamentárias, financiar essas atividades pode não ser possível. Ou seja, tanto desde o ângulo da eficácia como da equidade, a extensão do tempo de permanência no estabelecimento aparenta ser um projeto pertinente. Os resultados de avaliações empíricas devem confirmar ou não essas hipóteses e, nesse sentido, as poucas pesquisas realizadas não parecem conclusivas (De Aquino, 2011).

3. Comentários Finais

O olhar do processo pedagógico que expusemos neste capítulo pode ser resumido em quatro dimensões, complementares entre elas.

Determinar em que medida existem relações de causalidade não é uma tarefa trivial. Avaliar em que medida uma política pública ou um programa atinge os objetivos desejados requer o desenho de atividades específicas para essa tarefa, na medida em que se tem de ter o contrafactual (o que teria ocorrido se a política, programa ou ação não tivessem sido implementados). Esse tipo de tarefa, relativamente fácil em outras ciências, na educação deve contornar restrições, na maioria das vezes, de ordem ética (não beneficiar uma população simplesmente para que sirva de contrafactual). Uma vez determinada a existência da relação de causalidade, deveria ser avaliada a eficiência (a comparação dos custos com os resultados). Em geral, diante da evidente dificuldade em estabelecer correlações e ordens de causalidade, as avaliações de eficiência são marginais.

Os esforços por identificar ações e estabelecer contrafactuais virou um campo específico de pesquisa, poderíamos até ousar dizer que hoje é uma "moda". Centros de excelência nas melhores escolas do mundo

3. Comentários Finais

dedicam esforços a essas tarefas. Lamentavelmente, tanto esforço não permite avanços robustos, entendido este qualificativo (robustos) no sentido da capacidade de generalização. Na maioria das vezes, os nexos que estão sendo avaliados se nutrem do bom senso, da intuição etc. Nesse sentido, não encontrar resultados positivos não descarta nenhum paradigma teórico, senão simplesmente o "bom senso" e, nesse sentido, a questão permanece em aberto. Por outra parte, confirmar a correlação e ordem de causalidade também não permite generalização, uma vez que não é uma hipótese fundamentada em um marco analítico a que está sendo corroborada.

Quais são as consequências, diante da ausência de um marco teórico, de apresentar generalizações não mediadas pelo tempo ou espaço? Diversos são os corolários.

Em primeiro lugar, vemos que, desde a década dos anos 1960, depois do Relatório Coleman, as pesquisas e *papers* publicados testando empiricamente funções de produção na educação, relações entre certos insumos e resultados e avaliações de impacto proliferaram sem, contudo, serem estabelecidos nexos generalizáveis. Podemos responder de forma mais taxativa que há trinta anos, por exemplo, os salários dos professores têm impacto positivo sobre a qualidade do aprendizado? A resposta é não. Procurando na literatura poderíamos encontrar artigos com resultados positivos e outros onde não existe correlação. O famoso artigo de Hanushek (1989) é testemunha dessa indefinição.

Por outra parte, essa restrição induz que cada proposta de política, programa ou ação deva ser avaliada. Desde outra perspectiva: antecedentes não podem balizar posições. Na medida em que cada avaliação, como já salientamos em diversas oportunidades, não é trivial, na medida em que demandam recursos financeiros, tempo, equipes tecnicamente capacitadas etc., além de, na maioria das vezes, estarem restritas por questões éticas, concluímos que a capacidade de experiências de políticas, programas e ações implementados em outros espaços geográficos ou distantes temporalmente são limitados em sua capacidade de subsidiar iniciativas.

Não obstante essas restrições, hoje o mundo transita para um cenário no qual toda proposta na área social em estudo ou implementada deve contemplar tarefas de avaliação, seja para descartar sua execução, seja para realimentar seu desenho. Dificilmente, as modernas práticas na área de transferência de renda, educação, saúde etc. fogem de atividades que as complementem em termos de avaliação de impacto. Tendo começado como sendo exigências de organismos multilaterais de crédito (como o Banco Mundial), hoje essas práticas já foram assumidas pelos governos nacionais e mesmo subnacionais (estados e municípios).

Nesta direção, a Função de Produção na área de educação constitui uma conceitualização chave, quer seja para compreender as modernas propostas de políticas, quer seja para tornar transparentes seus limites.

Bibliografia Citada

ANGRIST, J.D.; LAVY, V. Using Maimonides's Rule to Estimate the Effect of Class Size on Scholastic Achievement. *Quartely Journal of Economics*, v. 114, n. 2, p. 533–575, May 1999.

ARBACHE, J. Mudança Demográfica e Educação no Brasil. *Folha de São Paulo*, 26 dez. 2011.

BERRERA-OSORIO, F.; LINDEN, L.L. The Use and Misuse of Computers in Education: Evidence from a Randomized Experiment in Colombia. *Policy Research Working Paper n. 4836*, World Bank, Feb. 2009.

BORKUM, E.; HE, F.; LINDEN, L.L. The Effects of School Libraries on Language Skills: Evidence from a Randomized Controlled Trial in India. *Discussion Paper n. 7267*, IZA (Institute for the Study of Labor), March 2013. Disponível em: <http://ftp.iza.org/dp7267.pdf>. Acesso em: 15 mar. 2015.

CARD, D.; KRUEGER, A.L. School Quality Matter? Returns to Education and the Characteristics of Public Schools in the United States. *The Journal of Political Economy*, v. 100, n. 1, p. 1–40, Feb. 1992.

DE AQUINO, J.M. *Uma ampliação da jornada escolar melhora o desempenho acadêmico dos estudantes? Uma avaliação do programa Escola de Tempo Integral da rede pública do estado de São Paulo*. 2011. Tese de Doutorado. Escola Supe-

3. Comentários Finais

rior de Agricultura Luiz Queiroz, USP, 2011. Disponível em: <http://zip.net/bxqyV7>. Acesso em: 15 mar. 2015.

DE FELICIO, F. Fatores Associados ao Sucesso Escolar: Levantamento, Classificação e Análise dos Estudos Realizados no Brasil. *Fundação Itaú Social*, S/D. Disponível em: <http://zip.net/bqpXhY>. Acesso em: 15 mar. 2015.

_____; FERNANDES, R. *O Efeito da Qualidade da Escola sobre o Desempenho Escolar: uma avaliação do ensino fundamental no Estado de São Paulo*. Anais ANPEC—2005. Disponível em: <http://zip.net/bvpWPD>. Acesso em: 15 mar. 2015.

DUFLO, E. Schooling and Labor Market Consequences of School Construction in Indonesia: Evidence from an Unusual Policy Experiment. *The American Economic Review*, v. 91, n. 4, p. 795–813, Sep. 2001.

GLENNERSTER, H. Quasi-markets for education? *Economic Journal*, v. 101, n. 408, p. 1268–1276, 1991.

HANUSHEK, E. The Impact of Differential Expenditures on School Performance. *Education Researcher*, v. 18, n. 4, p. 45–62. May. 1989. Disponível em: <http://zip.net/bcpTYQ>. Acesso em: 15 mar. 2015.

HEDGES, L.V.; LAINE, R.D.; GREENWALD, R. An Exchange: Part I: Does Money Matter? A Meta-Analysis of Studies of the Effects of Differential School Inputs on Student Outcomes. *Educational Researcher*, v. 23, n. 3, p. 5–14, Apr. 1994.

HOXBY, C.M. The Effects of Class Size and Composition on Student Achievement: New Evidence from Natural Population Variation. *Quarterly Journal Of Economics*, v. 115, n. 4, p. 1239–1285, 2000.

INEP/UNICEF/UNDP. *Indicadores de Qualidade na Educação*. 2004. Disponível em: <http://zip.net/bcpWmz>. Acesso em: 15 mar 2015.

JACOB, B.A.; LEVITT, S.D. Rotten Apples: an investigation of the prevalence and predictors of teacher cheating. *The Quarterly Journal of Economic*, v. 118, n. 3, p. 843–877, 2003.

KRUEGER, A. Experimental Estimates of Education Production Functions. *The Quarterly Journal of Economics*, v. 114, n. 2, p. 497–532, May 1999.

LAZEAR, E.P. Educational Production. *The Quarterly Journal of Economics*, v. 116, n. 3, p. 777–803, Aug. 2001.

LAVY, V. Evaluating the Effect of Teachers Group Performance Incentives on Pupil Achievement. *The Journal of Political Economy*, v. 110, n. 6, p. 1286–1317, Dec. 2002.

LEVITT, S D.; LIST, J.A. Field Experiments in Economics: The Past, The Present, and The Future. *European Economic Review*, v. 53, n. 1, p. 1–18, 2009. Uma versão do artigo está disponível em: <http://zip.net/blpwBY>. Acesso em: 15 mar. 2015.

MENEZES-FILHO, N.; PAZELLO, E. Do teachers' wages matter for proficiency? Evidence from a funding reform in Brazil. *Economics of Education Review*, v. 26, n. 6, p. 660–672, Dec. 2007.

MENEZES-FILHO, N. Does Money in Schools Matter? Evaluating the Effects of FUNDEF on Wages and Test Scores in Brazil. *Seminários EPGE/FGV*, 2004. Disponível em: <http://epge.fgv.br/files/1655.pdf>. Acesso em: 15 mar. 2015.

_____. *Os Determinantes do Desempenho Escolar do Brasil*. IFB, IBMEC e USP, São Paulo, Agosto, 2006.

_____. Decepções na educação. *Valor Econômico*. 19 set 2014.a.

_____. O Plano Nacional de Educação. *Valor Econômico*. 18 jul 2014.b.

_____. Mais gastos com educação? *Valor Econômico*. 20 jul 2012.

MEURET, D. *Les Recherches sur la Réduction de la Taille de Classes. Rapport au Haut Conseil de l'Evaluation de l'Ecole*. Janvier, 2001. Disponível em: <http://zip.net/btpzGK>. Acesso em 15 mar. 2015.

MUKHERJEE, S. *O Imperador de todos os Males: Uma biografia do câncer*. Companhia das Letras, 2012.

MURALIDHARAN, K.; SUNDARARAMAN, V. Teacher Performance Pay: Experimental Evidence from India. *Journal of Political Economy*, v. 119, n. 1, p. 39–77, 2011.

OAKLEY, A. Experimentation and Social Interventions: a forgotten but important history. *British Medical Journal*, v. 317, Oct. 1998. Disponível em: <http://zip.net/bqpxWr>. Acesso em: 15 mar. 2015.

OCDE. *Teachers Matter: Attracting, Developing and Retaining Effective Teachers*. OCDE, 2005.

PIKETTY, T.; VALDENAIRE, M. L'impact de la taille des classes sur la réussite scolaire dans les écoles, collèges et lycées français: Estimations à partir du panel primaire 1997 et du panel secondaire 1995. *Les Dossiers de l'enseignement scolaire* n. *173*, Mars 2006. Disponível em: <http://zip.net/bspzJj>. Acesso em 15 mar. 2015.

RAMOS, C.A. *Economia do Trabalho: Modelos Teóricos e o debate no Brasil*. Editora CRV, 2012.

STUFFLEBEAN, D.L; MADAUS, G.F.; KELLAGHAN, T. (Eds.) *Evaluation Models: View points on educational and human services evaluation*. Kluwer Academic Publishers, 2000.

Anexo 3

Avaliação de Impacto

Mediante os seguintes gráficos, nosso objetivo consiste transmitir a metodologia usualmente utilizada para avaliar o impacto de uma política pública. Como já mencionamos no corpo do capítulo, o objetivo do avaliador consiste em determinar em que medida a trajetória inicial é alterada por uma intervenção (tratamento). Dado o objetivo de avaliar o impacto dessa intervenção, a partir da população que pretende ser estudada constroem-se dois subconjuntos. Sobre um deles é aplicado um tratamento (a política pública ou o programa que se pretende avaliar) e o outro é poupado dessa intervenção, a fim de servir de grupo de controle.

Os gráficos ilustram quatro hipotéticas trajetórias. A primeira, representa um resultado positivo (Gráfico 1.a), o segundo, neutro ou irrelevante (Gráfico 1.b), o terceiro, negativo (Gráfico 1.c) e, por último (Gráfico 1.d), o caso que talvez mais chame atenção, é aquele no qual a trajetória é negativa, mas o tratamento atenua essa queda e, assim, podemos qualificar o impacto como positivo.

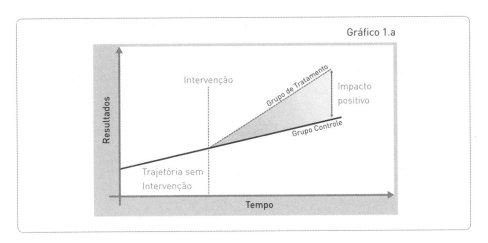

Anexo 3 Avaliação de Impacto

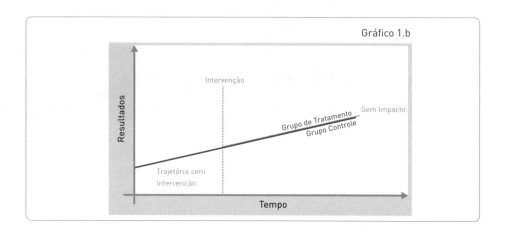
Gráfico 1.b

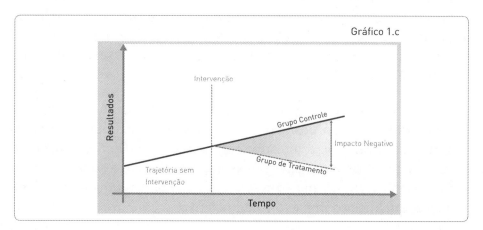
Gráfico 1.c

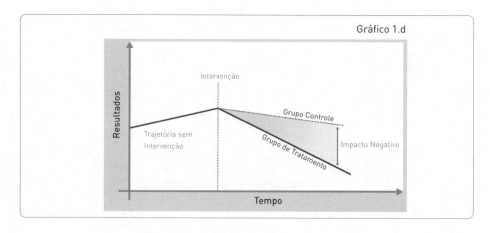
Gráfico 1.d

Capítulo IV

Educação, Crescimento e Distribuição

> "No country has become rich with a universally unskilled population. Enrollment in formal schooling may be a poor measure of creation of skills."
>
> William Easterly, *The Elusive Quest of Growth*.

I. Introdução

Da leitura dos três capítulos anteriores, podemos concluir que o olhar econômico da educação está permeado pelos supostos vínculos que os anos de estudo e, em geral, as habilidades cognitivas e não cognitivas teriam sobre a produtividade. Mesmo quando a relação de causalidade não vai da educação à produtividade, mas sim do posto de trabalho à produtividade, a educação tem um papel essencial na alocação do trabalho entre as diferentes vagas que são abertas. Em todos os casos, quanto maior a educação (seja ela absoluta ou relativa), maior seria a produtividade dos trabalhadores.

Vislumbrada individualmente, essa maior produtividade teria um vínculo estreito com os salários recebidos (ver Capítulos I e II). Desde a perspectiva da sociedade ou da economia como um todo, a análise seria próxima. Por que um país como a Suíça tem uma renda *per capita* de, mais ou menos, 43 mil dólares/ano e o Zimbábue pouco menos de 500 dólares/ano?[98] Basicamente, porque a produtividade dos trabalhadores suíços seria muito superior à da força de trabalho em Zimbábue. A Paul Krugman (Prêmio Nobel de Economia, em 2008) é atribuída a seguinte frase: "Productivity isn't everything, but in the long run it is

---

[98] Ver <http://zip.net/brqwD0>. O Brasil apresenta, em média, uma renda per capita que pode ser classificada como fazendo parte de uma suposta classe média mundial. Em todos os casos, o poder de compra dos dólares são comparáveis, uma vez que estão no que os economistas denominam PPP (Paridade de Poder de Compra).

almost everything. A country's ability to improve its standard of living over time depends almost entirely on its ability to raise its output per worker." (1994, p. 9).

Mas, se a educação tem vínculos sobre a produtividade e esta, no longo prazo, será a variável que acabará determinando o bem-estar econômico de um país, por caráter transitivo, temos que a educação pode ser enxergada como a chave para o desenvolvimento econômico. Em realidade, esses vínculos entre a educação da população e o progresso econômico das nações não é um consenso antigo entre economistas. Só nos anos 1950–1960, quando surgem as primeiras contribuições associando educação a investimento (ver Capítulo I), esses nexos adquirem um status teórico mais robusto e consensual. Contudo, se os vínculos analíticos podem ser consistentes, a verificação empírica desses nexos não é um aspecto trivial, fácil de ser estabelecido. A controvérsia sobre a magnitude da contribuição da educação ao desempenho econômico de um país, depois de décadas de esforços nessa direção, é motivo de debate até hoje. Inclusive, não faltam vozes que alertam para a possibilidade de uma ordem de causalidade inversa: seria o desenvolvimento econômico de um país a variável que induziria a uma maior demanda por educação por parte da população, e não o contrário.

Mas quando abordamos o crescimento, naturalmente surge uma questão associada: qual é o perfil distributivo dos frutos da maior disponibilidade de bens e serviços? As questões de repartição da renda estão associadas a múltiplos fatores, multiplicidade que vai desde a concentração de bens de capital e recursos naturais (como a distribuição da terra, por exemplo), a aspectos que dizem respeito ao capital humano, ao viés tecnológico e à oferta e demanda de conhecimentos e habilidades. Nesse sentido, a educação, apesar de não esgotar a multiplicidade de aspectos vinculados aos processos distributivos, ocupa um lugar que dista de ser negligenciável.

O objetivo neste capítulo será abordar essas duas dimensões: a educação vista como indutora do crescimento e em que medida ela também pauta aspectos distributivos desse desempenho. Dado esse objetivo, estruturamos o capítulo da seguinte forma. Na próxima seção, dedicaremos nossas atenções aos aspectos analíticos que pretendem identificar a educação, a produção e a difusão de conhecimentos em geral, como o principal núcleo de dinamismo nas economias modernas. Na Seção 3, apresentaremos os problemas de corroboração empírica dos marcos analíticos apresentados. A distância entre salários e o perfil distributivo como produto do desenvolvimento econômico e da incorporação de novas tecnologias será nosso tema de estudo na Seção 4. Finalizaremos com um balanço do que foi tratado no capítulo, na Seção 5. O capítulo é complementado com um anexo no qual são definidas as características dos bens e serviços (externalidade, exclusividade etc.) relevantes para considerar o Capital Humano e o conhecimento em geral como a raiz de um crescimento que não teria limites no tempo. Esse anexo é dirigido àqueles leitores não familiarizados com conceitos elementares de Microeconomia.[99]

2. Educação e Crescimento

2.1 O Crescimento como Resultado do Investimento em Educação: a formação do paradigma

Hoje, pareceria mais ou menos óbvio que uma população mais educada, por sua maior produtividade, fosse uma das fontes que auxiliam a prosperidade material dos países. Contudo, a obviedade de hoje não foi uma regra no transcurso da evolução das ideias.

Não obstante algumas referências em Adam Smith e sua divisão do trabalho (ver Capítulo I), as tentativas de compreensão do crescimento econômico de longo prazo só receberam um tratamento mais ou menos formal a partir dos anos 1950 e, ainda hoje, o denominado Modelo de Solow é o referencial incontornável. Esse arcabouço conceitual tem como paradigma artigo publicado em 1956 por Robert Solow, professor no MIT (Massachusetts Institute of Technology) e posteriormente agraciado com o Prêmio Nobel de Economia (1987). Basicamente, a cons-

---

[99] Já definimos o conceito de externalidade no box do Capítulo I. Por sua relevância para os modelos que apresentaremos, voltaremos a ele no anexo.

trução teórica proposta pelo Professor Solow explicava o nível de renda de um país pela quantidade de trabalhadores disponíveis (a população ativa) e o capital acessível a cada um deles. As máquinas, infraestrutura etc. (ou seja, o capital) podiam ser acumuladas a partir da poupança que determinada sociedade realizasse. Mas, em termos de bem-estar, o relevante não é a produção total de bens e serviços de um país, senão a renda per capita. Vamos ilustrar essa situação com um exemplo hoje corrente no debate do dia a dia. A China parece ser atualmente o país com maior renda do mundo.[100] Contudo, em termos de renda per capita, a China é um país que está saindo da pobreza e ingressando na "classe média" mundial. A renda per capita do Brasil é, por exemplo, 40% superior à da China. Então, o aspecto relevante em termos de bem-estar para uma população não será o PIB do país, senão seu PIB per capita.

Retornando ao Modelo de Solow, o relevante em termos de produto por pessoa não seria o capital total, senão o capital disponível para cada trabalhador. A quantidade de máquinas, ferramentas etc. à disposição de cada assalariado, determinaria sua produtividade. Dado que esse capital depende do investimento que, por sua vez, está em função da poupança, esta seria a variável que especificaria a trajetória de longo prazo da economia.

Contudo, elevar a disponibilidade de máquinas, ferramentas etc. para cada indivíduo teria um limite. Os acrescimentos ao produto seriam decrescentes (o que os economistas denominam de rendimentos decrescentes). Esticando no tempo esse raciocínio, no longo prazo, as sociedades tenderiam à estagnação. Mas não unicamente essa perspectiva seria de negação do crescimento econômico, senão que, no caso de dois países terem a mesma taxa de poupança, em um horizonte de tempo prolongado, as rendas per capita deveriam convergir. A imobilidade e a convergência (esta última condicionada às taxas de poupança de cada nação) seriam o cenário mais provável no longo prazo.

---

[100] Falamos "parece" porque sua posição no ranking (primeira potência ou segunda, depois dos EUA) depende de detalhes técnicos sobre como valorar a taxa de câmbio. Mas, de qualquer forma, seja a China a primeira ou a segunda potência, esse lugar no ranking não invalida nossos argumentos.

2. Educação e Crescimento

Em termos de pessimismo, o Professor Solow não foi original. Vários economistas clássicos (Malthus, Ricardo) já tinham profetizado um destino de estagnação. Em Marx, o cenário era similar, só sendo revertido no caso de uma transformação radical, de forma a socializar os meios de produção. As experiências nesse sentido, ensaiadas até hoje, não parecem confirmar as profecias de Marx. Keynes, já nas primeiras décadas do século XX, voltou a disseminar o pessimismo, augurando crescentes dificuldades das economias de mercado, na medida em que estas ficassem cada vez mais ricas.[101] Porém, essa estagnação não pareceria estar se concretizando, nem mesmo a convergência entre as rendas per capita entre países. Ou seja, o Modelo de Solow, que tanta aceitação obteve nos meios acadêmicos, aparentemente não parecia ter muita aderência com o desempenho histórico de grande parte das nações.

Essa falta de correspondência entre o que augurava o paradigma analítico e o desempenho dos países foi reconhecida, para os EUA, pelo próprio Solow em um artigo de 1957. Nesse *paper*, que era uma complementação de seu artigo do ano anterior, atribuía a quase totalidade do desempenho econômico dos EUA na primeira metade do século XX ao desenvolvimento tecnológico. Em realidade, o Modelo de Solow original contém uma variável tecnológica, mas esta é exógena, o aprimoramento tecnológico "cairia do céu", não é explicado. Essa variável, crucial para explicar a evolução do fluxo de renda de um país, pareceria não ter uma explicação econômica.

Paralelamente a essa falta de explicação do principal parâmetro que estaria na raiz do crescimento econômico daquele que, nesses anos, era tido como modelo de desenvolvimento (os EUA), o tratamento dado ao trabalho também estava longe de ser sofisticado. O relevante seria o aumento do número de trabalhadores e o montante de capital que era alocado a cada um deles. Não seria relevante se esses trabalhadores

---

[101] Cada um destes economistas pressagiavam a estagnação por razões diferentes. Para Ricardo eram as fronteiras agrícolas e os rendimentos decrescentes da produtividade da terra, para Malthus, a explosão demográfica que acompanharia cada ciclo de crescimento, para Marx, o conflito entre as relações de produção e as forças produtivas e em Keynes, a crescente propensão a poupar na medida em que as sociedades enriquecem. Mas, não importa qual fosse a razão, todos vaticinavam um futuro moroso.

eram totalmente analfabetos, tinham ensino médio completo ou ensino superior, o nível de escolaridade seria insuperável.

Em realidade, nessa dimensão, a contribuição de Solow (ou a ausência de contribuição) deve ser avaliada em uma perspectiva histórica. No começo dos anos 1950, a "qualidade" da força de trabalho ainda não tinha sido incorporada ao arcabouço teórico da ciência econômica. Não obstante, em certos referenciais nos primórdios dessa disciplina (ver Capítulo I), para compreender o crescimento dos indicadores da oferta de bens e serviços, o relevante seria o investimento em capital. Tanto nos países em desenvolvimento de África, América Latina e Ásia, como aqueles que estavam ensaiando experiências de ruptura com a economia de mercado (especialmente Europa Oriental, a URSS e a China), a ênfase era dada à industrialização, à acumulação de capital e às magnitudes que nelas influíam (como a poupança).[102]

Nesse sentido, a ruptura com essa negligência deve ser atribuída a Schultz (1960), sendo relevante reproduzir a primeira frase desse artigo (p. 571), pelo que representa em termos de ruptura com a perspectiva até então dominante: "I propose to treat education as an investment in man and to treat its consequences as a form of capital".

Em outro artigo, no ano seguinte, Schultz (1961) criticou a forma negligente que os economistas trataram a qualidade da força de trabalho e coloca o capital humano como sendo o alicerce do crescimento nas economias modernas.

Basicamente, a qualidade da força de trabalho incidiria na produtividade e constituiria, naturalmente, um dos parâmetros que determinam o nível de bem-estar econômico de uma sociedade.

Voltaremos sobre esse aspecto nos próximos parágrafos. Mas agora devemos direcionar nossas atenções a uma variável que mencionamos anteriormente e que diz respeito à tecnologia. Lembremos que, em seu

---

[102] Além da irrelevância dada à educação ou formação da força de trabalho, todas essas experiências também negligenciavam a questão dos recursos naturais e do meio ambiente. Logicamente, não abordaremos esses aspectos neste livro.

2. Educação e Crescimento

artigo de 1957, Solow atribuiu às mudanças tecnológicas o desempenho econômico dos EUA na primeira metade do século XX. Observemos que pode existir aí um crédito que surge de uma duvidosa qualidade na agregação dos insumos. Vejamos este aspecto com particular detalhe.

Suponhamos que temos, em um determinado ano, um trabalhador com ensino médio completo. Só a título de ilustração, assumamos que esse é o único assalariado da economia. No próximo ano, ao mercado de trabalho, ingressa um outro indivíduo, mas ele é engenheiro. Temos, assim, uma força de trabalho composta por duas pessoas. Logicamente, seria incorreto quantificar força de trabalho dessa economia como sendo, agora, o dobro da existente no primeiro ano. Obviamente que, em termos produtivos, mais que dobrou. Suponhamos, de forma arbitrária, e só a título ilustrativo, que a produtividade de um engenheiro seja 50% superior à de um trabalhador que tenha só o ensino médio completo. Para fins comparativos, no segundo ano, teríamos 2,5 homens. Schultz (1961, p. 6) é explícito:

> The observe growth in productivity per unit of labor is simply a consequence of holding the unit of labor constant over time although in fact this unit of labor has been increasing as a result of a steady growing amount of human capital per worker.

Assim, se a capacidade cognitiva, as proficiências, habilidades etc. da força de trabalho de um país aumentam, eleva-se a produtividade, que seria similar a aumentar o número de trabalhadores, mantendo as características anteriores constantes. Em termos de contabilidade, poderia atribuir-se à tecnologia evoluções que, em realidade, são oriundas de alterações na qualidade do capital humano.

Vamos agora, centrar as atenções na tecnologia propriamente dita.

2.2. As Atividades no Desenvolvimento Científico e Tecnológico como Investimento

Como já sustentamos no Capítulo I, imputar o desenvolvimento científico e tecnológico a indivíduos excêntricos, concentrados em centros acadêmicos e cujos esforços são mais vocacionais que mercantis, é uma perspectiva que podia ser válida no passado. Hoje, modernos centros de pesquisa são associados a firmas cujo objetivo é o lucro.[103] Países também alocam recursos em desenvolvimento científico/tecnológico e inovação visando o retorno econômico. A alocação de recursos no desenvolvimento científico e tecnológico é assumida hoje como um parâmetro que aproxima futuros ganhos em termos de competitividade e dinamismo econômico (ver, por exemplo, OCDE, 2014). Então, não podemos mais imaginar o desenvolvimento científico/tecnológico de um país como uma variável exógena que "cai do céu", um parâmetro aleatório que permitiria explicar a evolução do PIB. As atividades de pesquisa são, na perspectiva da economia moderna, uma atividade rentável.

Como toda atividade, as tarefas de criação de conhecimento (seja em termos de ciência ou de tecnologia) demandam recursos, sejam financeiros, sejam humanos, sendo estes últimos caracterizados por uma elevada acumulação de capital humano (elevada escolaridade). Ou seja, a capacidade de um país em ter iniciativas no campo da ciência e tecnologia dependeria de seu estoque de capital humano.

Mas, de acordo com seu estágio de desenvolvimento, uma economia pode não ter essa competência. Podem faltar infraestrutura, recursos financeiros etc. Se um país está longe da fronteira tecnológica, sua tarefa será se apropriar dos avanços e difundir internamente os mesmos. Esse *catch-up* tecnológico também requer recursos humanos com um perfil e formação capazes de realizar essa "captura". A ausência de capital humano ou impede a cópia/absorção da tecnológica disponível, ou eleva os custos de sua apropriação. Mas os requisitos em termos de qualidade

---

[103] Comparemos essa perspectiva economicista das atividades acadêmicas com a afirmação de Lévi-Strauss sobre seu começo na vida intelectual na França do início do século XX: "[...] o ensino e a pesquisa não se confundem com a aprendizagem de uma profissão. Sua grandeza e sua desgraça estão em constituírem, quer um refúgio, quer uma missão". (Lévi-Strauss, 2014, p. 58).

da força de trabalho não se restringem a exercício da criação e/ou apropriação. Também podemos imaginar que a capacidade de adaptação de uma sociedade a um contexto, em rápida mutação tecnológica, pode estar determinado pela educação de sua população (Schultz, 1975).

Colocar a educação (capital humano em geral), e as atividades de pesquisa e desenvolvimento no centro do debate sobre o crescimento econômico tem diversos corolários.

2.3. A Educação e a Produção do Conhecimento como Variável Chave: os modelos de crescimento endógeno.

a) Fugindo da pobreza e entrando no crescimento eterno

Um primeiro aspecto diz respeito a um país pobre, situação que o impossibilita de ter recursos para investir em educação, podendo provocar uma armadilha (círculo vicioso da pobreza) via o subinvestimento na formação de capital humano. O círculo vicioso da pobreza se alimentaria pela insuficiência dos investimentos em educação, uma vez que esta última seria a chave do crescimento econômico (Azariadis e Drazen, 1990).

Um segundo aspecto diz respeito às possibilidades da educação e das atividades de pesquisa e desenvolvimento em elevarem a eficiência dos recursos utilizados (especialmente, ainda que não exclusivamente, do trabalho), de disponibilizarem continuamente novos produtos, novas formas de produção e distribuição etc. expandindo a fronteira de possibilidades de crescimento de forma permanente. Dessa forma, já não estaríamos condenados a uma estagnação no longo prazo, como sugeria o Modelo de Solow. A acumulação de capital humano e iniciativas em áreas de pesquisa e desenvolvimento, atividades que demandam recursos humanos altamente qualificados, podem gerar processos de permanente crescimento. Vislumbrar um futuro de crescente abundância de bens e serviços, compatível com a história recente da humanidade, pareceria ser factível com os empreendimentos em educação e formação da força de trabalho de um país (além de tarefas correlatas, como pesquisa para a geração de novos produtos).

Este tipo de perspectiva analítica tem diversas especificações (voltaremos sobre elas nos próximos parágrafos), mas são agrupadas em uma família que se conhece como Modelos de Crescimento Endógeno. Por que esse nome? Primeiro para diferenciá-los da linhagem de modelos como o de Solow, em que a origem última da elevação da produtividade é a geração exógena de tecnologia ("cai do céu"). Mas, primordialmente, porque foram gerados arcabouços teóricos nos quais o aprimoramento tecnológico é explicado. Seria um corolário de ações conscientes em busca do lucro (recursos alocados na educação, iniciativas nas áreas de pesquisa e desenvolvimento etc.). Um país pode ou não se situar ou se aproximar da fronteira tecnológica em função de decisões tomadas em seu interior. Ficar no aguardo de um acaso no descobrimento de novos saberes ou na esperança de que, algum dia, as descobertas alheias possa beneficiá-lo, muito provavelmente desembocará em patamares de renda estagnados em níveis médios ou baixos. Desde a perspectiva dos Modelos de Crescimento Endógeno, o dinamismo contínuo é factível e depende de decisões (nas áreas de educação, pesquisa etc.) assumidas por cada sociedade. A denominação de Modelos de Crescimento Endógeno, em realidade, oculta ampla gama de perspectivas: certos modelos privilegiam o capital humano, em outros, a ampliação/diversificação do abanico de produtos (seja de consumo ou de produção) ocupa um rol central, outros enfatizam as relações entre a fronteira tecnológica e as circunstâncias que possibilitam a imitação e cópia etc.[104]

Uma das possibilidades de abordar economicamente o crescimento da escolaridade cursos, etc. consiste em assumir que as atividades associadas a essas tarefas devem ser vistas como um investimento e, tal como Mankiw, Romer e Weil (1992) fizeram, realizar um tratamento similar ao que é praticado no caso do investimento físico. O acréscimo de capital humano seria viabilizado por uma poupança.

---

[104] Um bom resumo desse conjunto de matizes que surgem de uma mesma matriz analítica (Modelos de Crescimento Endógeno) pode ser encontrada em Barro e Sala-i-Martin (2004) ou Aghion e Howitt (1997; 2008). Nos próximos parágrafos, vamos sumarizar os mais relevantes.

2. Educação e Crescimento

Uma outra possibilidade é realizada por Roberto Lucas (Prêmio Nobel de Economia em 1995), em um artigo de 1988, no qual a acumulação de capital humano é realizada mediante uma alocação do tempo dos indivíduos a tarefas de aperfeiçoamento e escolarização. Neste caso (ver Capítulo I), está se poupando de forma indireta, uma vez que se está abrindo mão de renda presente para, no futuro, obter os rendimentos correspondentes.

Distinguir as capacidades e atividades de pesquisa e desenvolvimento daquelas provenientes exclusivamente da força física ou da educação elementar foi uma contribuição de Romer (1990), na medida em que se identifica um setor produtivo cujo único objetivo é a produção de novas tecnologias. Posteriormente, essa nova oferta de *savoir-faire* acabará se concretizando na oferta de bens. Observemos que, no caso de Romer, o capital relevante seria o conhecimento ou as tecnologias produzidas na sociedade por um setor específico, enquanto que em Lucas ou Mankiw, Romer e Weil seria o capital humano concretizado nas pessoas o parâmetro a ser monitorado. Em realidade, são todas modelizações de aspectos particulares que compartilham uma ideia geral: no conhecimento, seja o incorporado nos próprios indivíduos, seja o partilhado pela sociedade, deve estar situado o núcleo que dinamiza as economias modernas.

Os corolários deste tipo de abordagens são diversos e vão, desde a justificação de incentivos públicos à educação, (como no caso de Lucas, 1988) até a explicação dos diferenciais nas trajetórias de renda entre países, segundo a importância outorgada à produção de habilidades ou conhecimento científico/tecnológico. Aspectos institucionais mais específicos também podem ser introduzidos, como a exposição ao comércio internacional: maior abertura, pela concorrência, induziria à adoção de novas tecnologias, novos bens de capital etc., todos fatores que são complementados com recursos humanos mais qualificados (Maurin, Thesmar e Thoenig, 2003; Gurgand, 2003). Contudo, este viés pró--recursos humanos qualificados de uma abertura não é, em termos teóricos, consensual.

b) Por que é tão particular a educação e a produção de conhecimento?

Vamos nos deter, agora, sobre as justificativas que autorizam assumir educação, conhecimento, pesquisa e desenvolvimento etc. como sendo as ferramentas que facultam os países a fugirem de um cenário pessimista (a estagnação) e a abrirem as possibilidades de crescimento permanente. A resposta está nas singularidades desses "bens" (ver o anexo que acompanha este capítulo para a definição e caracterização dos distintos tipos de bens). Vamos nos deter nesses aspectos uma vez que são eles os que possibilitariam que os países pudessem crescer de forma indefinida e contornar os rendimentos decrescentes, produto da concentração das possibilidades de crescimento, exclusivamente, no aumento do capital físico (máquinas) por trabalhador.

Percebamos que conhecimentos, habilidades, resultados de pesquisas etc. são um bem econômico, que permite ampliar o produto. Nesse sentido, pareceria ter os mesmos méritos que o capital físico. Contudo, as diferenças são sutis, mas de importância radical.[105]

Os "bens", mesmo imateriais, que compõem o conhecimento e habilidades podem ser próximos aos bens públicos, uma vez que o uso por um indivíduo ou uma firma não implica a não disponibilidade para outros. Sua utilização não redunda na diminuição de sua disponibilidade. Na medida em que o consumo por alguém não redunda em limitações no consumo por outros, significa que não é exaurível, não existem limites para seu consumo. Inclusive, possuir um dado conhecimento ou habilidade pode até ter externalidades positivas sobre os outros. Por exemplo, a educação ou as proficiências de um assalariado podem ter impacto positivo, não unicamente em suas tarefas, senão que no desempenho (produtividade) de seus colegas de trabalho. Estas características (não rivalidade, não exauribilidade e externalidades positivas) nos conduzem a uma outra característica: a facilidade e rapidez de sua difusão. No caso de um conhecimento, forma de fazer ou a organização das formas de fazer (organização da empresa, por exemplo) se

---

[105] Recomendamos àqueles não familiarizados com conceitos tais como externalidades, bens públicos etc. a leitura do anexo deste capítulo, antes, continuar a leitura dos próximos parágrafos.

mostrarem superiores a outras, rapidamente outros agentes a adotarão, permitindo um salto qualitativo geral.

Simultaneamente, os conhecimentos e habilidades são cumulativos. Uma força de trabalho mais educada, indivíduos altamente qualificados para fazer pesquisa e difundir os resultados etc. criam as bases para avanços posteriores.[106] Essa difusão pode desembocar em situações paradoxais, que alimentam o círculo virtuoso. Uma firma ou um país pode possuir uma dada tecnologia situada na fronteira. Na medida em que a mesma vai ser imitada (mesmo que seus proprietários tentem reduzir as cópias ou imitações. Voltaremos sobre este aspecto nos próximos parágrafos), a transitoriedade de sua posição de vanguarda a induzirá a mais inovações, a fim de conservar os privilégios (lucros) obtidos por estar na fronteira (Raustiala e Sprigman, 2006). Mas, mesmo longe de uma posição de vanguarda, o *catch up* requer bases tecnológicas e um estoque de capital humano (força de trabalho e mesmo pesquisadores) com um nível capaz de levar adiante atividades de imitação (ou mesmo "piratear"). Imitar e copiar não são atividades triviais, têm custos, requerem conhecimentos e induzirão aos que estão na vanguarda a continuar suas pesquisas para conservar sua condição de proprietário exclusivo. Estamos, assim, diante de sinergias positivas, resultado da interação entre uma vanguarda que quer conservar sua posição pelos ganhos econômicos que ela comporta e retardatários que procuram a imitação e cópia, mas que precisam investir em capital humano, uma vez que, sem este, não podem imitar/copiar.

Temos que ter cuidado em concentrar todas as possibilidades em ampliar a produtividade em tarefas na fronteira, seja produzindo avanços, seja imitando, uma vez que muitas firmas ou países estão muito aquém de ter uma base humana e tecnológica mínima para levar adiante alguma das duas. Contudo, a experiência no posto de trabalho, no desenvolvimento das tarefas no dia a dia implica em aprendizagem que pode elevar a produtividade. Denominamos, no Capítulo II, esse fenômeno como Educação Invisível e a mesma pode representar, via seu

---

[106] Obviamente, também podem alimentar círculos viciosos. Um país com uma população de reduzida escolaridade terá dificuldades em avançar na formação das gerações futuras, uma vez que não possui uma força de trabalho capaz de levar adiante tarefas docentes de qualidade.

impacto na produtividade, uma fonte de crescimento econômico. Três Prêmios Nobel de Economia chamaram a atenção para a importância do *learning-by-doing*: Arrow (1962), Lucas (1988) e Solow (1997). Já assinalamos que a potencialidade deste tipo de aprendizagem (e, portanto, dos ganhos de produtividade correspondentes) dependem de fatores institucionais que, em última instância, vão determinar a rotatividade entre postos de trabalho e profissões.

c) A questão da propriedade: arranjos institucionais possíveis

Quase toda a dinâmica virtuosa que apresentamos nos parágrafos anteriores enfrenta um problema maior e diz respeito à propriedade do conhecimento que viabiliza os ganhos de produtividade. Em realidade, estaríamos diante de uma latente tensão entre a característica do bem (facilidade e rapidez no acesso) e a incitação financeira a produzir o mesmo. Observemos que temos um problema similar (similar, mas não igual) ao que assinalamos no Capítulo I com o Capital Humano, que está intrinsecamente associado à pessoa. Não pode existir dissociação entre um indivíduo e seu capital humano, e a questão da propriedade fica naturalmente colocada (em termos econômicos) quando não é o próprio indivíduo quem arca com os custos do investimento.

Agora, estamos diante de um problema próximo. Já afirmamos que as atividades de Pesquisa e Desenvolvimento (P&D) podem ser rentáveis, um espaço de investimento tanto de empresas como de países. Mas, concretamente, como seriam rentáveis esses investimentos, se são bens de fácil e rápida difusão? Aqui estamos diante de vários arranjos institucionais alternativos, sendo factível sua coexistência.

A primeira formatação institucional possível situa a intervenção do Estado no cerne do processo de produção e transmissão de conhecimento. Centros de pesquisa e universidades seriam financiadas pelo Estado. A produção e difusão de conhecimentos e novos saberes seriam realizados por esses estabelecimentos do Estado que os disponibiliza, gratuitamente, à sociedade. A incitação à qualidade do ensino ou a dedicação à pesquisa é factível de ser feita, por exemplo, atrelando a remuneração (ou um prêmio sobre um salário-base) a publicações em períodos reconhecidos na comunidade científica. Inclusive, formas não mercantis também podem ser relevantes como mecanismos de incitação (financiamento de viagens para apresentar artigos em seminários internacionais, o prestígio e reconhecimento social etc.). As parcerias entre instituições estatais e empresas também são passíveis de serem contempladas, ainda que a propriedade e remuneração dos resultados fiquem em aberto e possam adquirir diversos desenhos. Mas, em geral, quando as atividades de ensino e pesquisa são promovidas pelo Estado, o resultado tenderá a ter um caráter gratuito, será público.

Uma segunda alternativa de formatação institucional consiste em atribuir ao Estado o papel de financiador, que viabiliza atividades de docência e pesquisa levadas adiante no setor privado. Os frutos dessas atividades seriam estatais, podendo adquirir um caráter público e gratuito. Estaríamos diante de um desenho organizacional no qual os resultados seriam obtidos por agentes privados (centros de pesquisa ou universidades), sendo que o financiamento seria estatal e poderia ser público e gratuito.[107]

Por último, uma terceira alternativa consiste em identificar no setor privado a origem de novos conhecimentos. Neste caso, a incitação financeira, logicamente, tem de estar associada à propriedade (ainda que a mesma seja temporária) dos resultados. Essa propriedade tem de estar legalmente atribuída e devem existir mecanismos legais e coercitivos para que a mesma seja respeitada. Neste caso, nos encontramos diante um amplo leque de marcos legais/institucionais capazes de regular essa propriedade (direitos de autor, marcas, patentes etc.).

As alternativas que esboçamos nos parágrafos anteriores são possibilidades que, na prática, se superpõem, se articulam e a preponderância de cada uma delas depende de cada país, de sua cultura/tradições, seu sistema político etc. Por exemplo, sistemas híbridos convivem com as alternativas puras. Assim, podemos imaginar situações nas quais o Estado financia, via subvenções ou deduções tributárias, atividades de P&D no setor privado. Mesmo que os resultados sejam apropriados privadamente (mediante uma patente, por exemplo), o financiamento público se justificaria pelas externalidades positivas.

---

[107] Não podemos descartar a possibilidade de que o Estado venda, ao setor privado, os resultados.

Esta possibilidade nos leva, justamente, a analisar os limites da interação entre a oferta e demanda dos mercados concorrenciais quando questões como conhecimentos, atividades de pesquisa etc. são introduzidas na análise econômica.

d) Os limites da regulação via mercado das atividades de geração e difusão de conhecimento

Se o conhecimento, a educação, a pesquisa etc. têm externalidades positivas, isso significa que os cálculos econômicos realizados por agentes privados (sejam indivíduos, sejam firmas) visando seu próprio bem-estar ou lucro não levam em consideração benefícios para sociedade de suas ações. Lembremos que as externalidades positivas são benefícios não monetizados (não têm preço).[108] Se um indivíduo se educa, ele terá maior consciência dos cuidados em matéria de higiene, evitando contrair doenças transmissíveis e acabará por beneficiar a outros indivíduos que interagem com ele. Ele pode fazer uma relação entre benefícios e custos a fim de determinar se tomará iniciativas visando elevar seu nível educativo, mas não incluirá entre os ganhos o impacto na saúde de seu vizinho.

Em um contexto de externalidades positivas, a quantidade socialmente aconselhável de acumular um bem ou serviço (educação, pesquisa, conhecimento etc.) está além da soma das decisões tomadas isoladamente por cada indivíduo. Dessa forma, o Estado pode encorajar maior oferta, indução que pode ser obtida por diversos caminhos: gratuidade, obrigatoriedade, subsídios etc.

O financiamento público e gratuito ou o subsídio de atividades de ensino e pesquisa são muitas vezes justificados fazendo apelo a essas externalidades. Uma sociedade acumularia um nível aquém do econômico e socialmente conveniente, deixando os agentes (indivíduos ou firmas) agirem isoladamente e adquirirem educação ou propiciando pesquisa somente tendo como referência seu interesse particular. Contudo, mesmo que exista um certo consenso sobre esse aspecto, a forma de inter-

---

[108] Poderíamos desenvolver o mesmo argumento no caso dos custos. Todavia, uma vez que a educação, pesquisa etc. têm externalidades positivas, limitamos nosso raciocínio a essa possibilidade.

venção do Estado não foge a enormes divergências. Por exemplo, hoje a universidade no Brasil é pública e gratuita. Mas uma outra forma de política pública poderia ser uma oferta privada e um subsídio (mediante bolsas financiadas com orçamento público, por exemplo). Foge a nossos objetivos avaliar as múltiplas variantes de intervenção. Contudo, é necessário ter presente que, mesmo diante de um diagnóstico compartilhado por um amplo leque de escolas de pensamento (como é o caso das externalidades positivas da educação e pesquisa), essa quase unanimidade não se vai traduzir em consenso no tocante a desenhos de política.

e) A questão da propriedade

No tocante a uma descoberta, invenção, novo desenho etc. a rentabilidade só é assegurada no caso de se ter algum direito de propriedade, mesmo que seja temporário, sobre o resultado da pesquisa. Como já sustentamos, essa propriedade é assegurada por direitos de autor, marca registrada, patente etc. As instituições e o marco legal que regulam esses "direitos de propriedade" são tanto nacionais como internacionais e não se furtam a um amplo debate e conflito em matéria de direito internacional. Foge a nossos objetivos abordar esses aspectos, mas devemos chamar a atenção de certos conflitos entre as incitações a produzir e os custos dessas incitações.

Se as atividades de pesquisa são assumidas, como nos modernos modelos de crescimento, como um setor que propicia o crescimento e tem retornos, sua produção deve ser rentável.[109] A rentabilidade é assegurada por algum direito de exclusividade. Porém, essa exclusividade gera um monopólio. Sabemos que toda situação de monopólio gera um preço superior ao que vigoraria em um mercado concorrencial e a quantidade produzida seria menor.[110] Assim, temos benefícios (incitações ao investimento em pesquisa) e custos (situação de monopólio). Esse monopólio geralmente é temporário. O problema está, justamente,

---

[109] Não estamos considerando o caso da oferta gratuita pelo Estado, já que essa opção dispensa aspectos de propriedade, rentabilidade privada etc.

[110] Não vamos entrar em certos aspectos muitos específicos de microeconomia, mas intuitivamente pode-se perceber que, se o preço é maior que o que prevaleceria em um mercado concorrencial, e existe uma relação negativa entre preço e quantidade demandada (maior preço, menor demanda), conclui-se que as quantidades transacionadas em uma situação de monopólio devem ser menores.

no horizonte dessa temporalidade. O mesmo pode estar determinado pela legislação. Contudo, quando a descoberta implica em benefícios sociais claramente perceptíveis, as demandas para quebrar o monopólio não são negligenciáveis. No caso da descoberta de um medicamento ou tratamento que pode salvar vidas, por exemplo, o conflito entre retorno econômico (que deveria ser alimentado pela patente) e as demandas para abrir a concorrência é transparente. Incorporar novos tratamentos e medicamentos requer anos de pesquisa, de recursos humanos altamente qualificados e de laboratórios sofisticados e de elevado custo. Além desses aspectos, a efetividade deve passar por protocolos rigidamente estabelecidos pela legislação. Todas essas atividades estão sujeitas aos riscos de toda pesquisa. Ou seja, os custos e riscos são elevados e só podem ter retorno econômico no caso de um monopólio a posteriori. Esse imperativo econômico pode entrar em conflito com racionalidades não econômicas, como salvar vidas e o direito à saúde.[111]

Podemos encontrar uma situação similar no tocante à pesquisa com doenças que são próprias de países e populações pobres, como a malária. O investimento em pesquisas fica comprometido, na medida em que resultados positivos gerarão demandas para sua disponibilização ou quebra de patentes, comprometendo o retorno financeiro.[112]

Em certos campos, outras possibilidades são possíveis, como o desenvolvimento de softwares de acesso livre (como o programa R para estatísticas) concorrendo com pacotes protegidos por direitos de propriedade.

2.4 O Desafio da Validação Empírica

Como acabamos de apresentar nos parágrafos anteriores, a relação entre capital humano, investimento em pesquisa e desenvolvimento etc.

---

[111] Obviamente, o leitor lembrará que esse conflito alimentou um debate público no Brasil sobre os remédios cujo público-alvo eram os portadores do vírus HIV. Sachs (2001) propôs não quebrar as patentes, uma vez que tal atitude introduziria uma incerteza que comprometeria o financiamento de futuras pesquisas, mas diferenciar os preços para favorecer os países pobres.

[112] Ver Kremer (2000.a., 2000.b) para um desenho de política na qual são compatibilizados os objetivos de lucro das firmas com as necessidades dos países e populações pobres. Sinteticamente, o objetivo seria o de induzir pesquisas mediante um compromisso do Estado em comprar um dado resultado (uma vacina, por exemplo). Uma vez obtido o produto da pesquisa, o país se encarregaria de disponibilizar o produto ao público-alvo.

2. Educação e Crescimento

e o desempenho econômico de um país tem profundas âncoras analíticas e mesmo o apelo do sentido comum. Contudo, não obstante esses atributos, aos que poderíamos agregar a qualificação dos pesquisadores que contribuíram para adensar teoricamente esses nexos (vários deles galardoados com o Prêmio Nobel de Economia), toda construção teórica tem de passar pelo crivo dos dados. Não importa a coerência interna do paradigma interpretativo, nem o apelo intuitivo que tenha, a validação empírica é incontornável e vai determinar, em última instância, em que medida um arcabouço teórico é pertinente ou não para interpretar a realidade e balizar a tomada de decisões.

Se o nexo entre escolarização da força de trabalho ou capital humano de um país pode ser consenso teórico, quando transitamos dessa abstração para a formatação dos testes empíricos é necessário especificar esse tipo de relação. Por exemplo, o nível de educação determina o nível do PIB, ou o nível de educação determina a taxa de crescimento do PIB, ou a taxa de variação do nível de educação determina a taxa de variação do PIB? Diferentes especificações da relação podem dar lugar a diferentes resultados, obviamente.

Mas, à margem da especificação da relação educação–nível de renda, qualquer pesquisador enfrenta um desafio nevrálgico: a qualidade e robustez das bases de dados. No tocante ao PIB (nível de renda) não existem maiores problemas ou controvérsias. Estamos diante de uma situação radicalmente diferente, quando a variável é educação. Como vamos mensurar a educação? Uma primeira resposta seria pelos anos de estudo. Mas essa unidade de medida (anos de estudo) tem o mesmo valor no tempo ou no espaço? A resposta é negativa. Percebamos que, quando a questão é testar empiricamente o impacto da educação sobre o nível de renda, o exercício tem de ser com séries de dados para diversos países ou, circunscrevendo-nos a um país em particular, a série tem de ser longa no tempo. Aqui estamos diante de um problema: um ano de estudos na Finlândia (um dos países que, nos testes internacionais de avaliação, situa-se nas primeiras posições por sua qualidade no ensino) não pode ser comparado com um ano de estudos em países que, pelos mesmos testes, estão bem longe de se equiparar em qualidade. Ou seja, um ano de estudos não agrega a mesma capacidade de raciocínio, proficiência etc. em todos os países ou em uma mesma nação, em dois momentos do tempo. Aí já temos um primeiro desafio, uma vez que os resultados encontrados com testes empíricos que utilizam anos de estudo podem ser questionados quanto à robustez da unidade de medida utilizada e, nesse sentido, as conclusões merecem ser olhadas com certa parcimônia.

Se passarmos dos anos de estudos para o nível de escolaridade, a moderação se vê potencializada, uma vez que um dado ciclo pode demandar distintas frequências no tempo, segundo o país ou segundo as datas dentro de uma mesma sociedade.

Uma forma de contornar essas dificuldades consistiria em adotar grandes classificações binárias, por exemplo, se a força de trabalho é alfabetizada ou não. Essa alternativa seria válida, mas incorre em um reducionismo radical, uma vez que iguala uma pessoa com ensino médio completo com outra com o ciclo de ensino superior finalizado.

Assumida a educação como um investimento que só renderá frutos no futuro, uma *proxy* desse investimento poderia ser a taxa de matrícula de um determinado intervalo etário. Neste caso, além de encontrar a mesma limitação que antes mencionamos (a comparabilidade internacional no tocante à qualidade ou mesmo o problema da repetência), encontramos a dificuldade de estimar o impacto desse investimento no futuro. Percebamos que a educação atual de uma criança ou um jovem só vai se concretizar em produtividade, quando o mesmo se incorpore à força de trabalho. Não incluir essa defasagem no exercício empírico torna os resultados vulneráveis.

Uma outra alternativa consiste em calcular o investimento em capital humano de um país, simplesmente, computando os recursos alocados à educação, sejam eles públicos ou privados. O grande problema deste tipo de alternativa consiste em não considerar diferentes eficiências na utilização dos recursos disponíveis. O mesmo argumento é válido para outros tipos de parâmetros (quantidade de professores ou da força de trabalho direcionada a atividades de ensino, por exemplo). Utilizar este tipo de medida assume, implicitamente, que a eficiência é igual para todos os países, uma hipótese que não pode ser assumida.

2. Educação e Crescimento

Consideradas essas ressalvas, os *papers* publicados sobre a validação empírica dos nexos entre educação e crescimento são inúmeros. Um dos pioneiros talvez seja o de Romer (1990), que utiliza a taxa de alfabetização da população em 1960 (cuja fonte é a UNESCO) para estimar o crescimento entre 1960 e 1985. Os resultados sugerem a pertinência do vínculo entre capital humano (medido pela taxa de alfabetização) e o desempenho econômico. Barro (1991) realiza um exercício com dados de 98 países para explicar o crescimento entre 1960 e 1985, segundo o capital humano observado em 1960. Foram duas as variáveis para o capital humano: a taxa de matrícula no ensino fundamental e o mesmo indicador para o ensino médio, sendo os resultados positivos.[113]

Mas talvez, o artigo com maior ressonância seja o de Mankiw, Romer e Weil (1992). Os autores, trabalhando com uma amostra de 121 países, utilizam dados da UNESCO para a matrícula da população entre 12 e 17 anos no ensino médio e relaciona esse parâmetro à quantidade de indivíduos entre 15 e 19 anos. Trabalhando com esse percentual médio entre 1960 e 1985, esse parece estar relacionado com a variação do PIB em 1985.

Contudo, esses resultados otimistas e que parecem ir ao encontro do intuitivamente esperado e do sugerido pelos modelos teóricos são relativizados por outras pesquisas. Benhabib e Spiegel (1994) não encontram impacto da escolarização sobre o crescimento e só de forma indireta (mediante o impacto na produtividade total da economia) os resultados são os esperados. Esse ceticismo é confirmado em um famoso artigo de Pritchett (2001), no qual os resultados são negativos.

Obviamente, ao negar a existência de vínculos muito sedimentados teoricamente e com grande apelo à intuição, o artigo de Pritchett levantou muita polêmica. Os esforços para refutar seus resultados e confirmar os arcabouços teóricos ganharam impulso e impactos positivos foram encontrados usando novas metodologias e aperfeiçoando as bases de dados (ver, por exemplo, Bassanini e Scarpetta, 2001, para uma

---

[113] Em todos os *papers*, a variável que pretende ser privilegiada na explicação do crescimento é a educação. Contudo, geralmente outras variáveis são incluídas. Por exemplo, no artigo de Barro (1991) que acabamos de citar, o autor inclui: estabilidade política, consumo do governo (percentual no PIB), distorções do mercado etc. Dados nossos objetivos, vamos restringir a análise à variável educação.

amostra de 21 países da OCDE e Cohen e Soto, 2001, para uma análise centrando a questão do capital humano na explicação do diferencial de renda entre países pobres e ricos, e o papel relevante da educação no combate à pobreza). Em todos os casos, a questão sempre foi procurar bases de dados ou especificações metodológicas capazes de outorgar sustentação empírica aos resultados sugeridos pelos modelos teóricos.

Mas se acompanhando os preceitos básicos da Teoria do Capital Humano, o relevante é a produtividade e esta está dada pela qualidade e quantidade da educação, todas as estimativas que consideram anos de estudo ou matrículas só estariam restritas a uma magnitude quantitativa. A qualidade é relevante? Segundo os resultados encontrados por Hanushek e Kimko (2000), a partir de testes internacionais em matemática e ciências que podem ser tidos como uma *proxy* da qualidade, a resposta é irrefutavelmente positiva. Por sua contundência, é apropriado reproduzir suas conclusões (Hanushek e Kimko, 2000, p. 1203): "A single conclusion emerge from the various analytical specifications: labor-force quality has a consistent, stable, and strong relationship with growth".

Vamos nos deter nas bases de dados utilizadas, uma vez que, como afirmamos e é natural, os resultados dependem delas e da construção de indicadores que viabilizam (ver, por exemplo, Klenow e Rodríguez-Clare, 1997). Em geral, uma base muito referenciada foi construída por Barro e Lee (1993), depois reformulada várias vezes (Barro e Lee, 1996; 2001; 2013). As regressões econometrias (ou seja, os resultados), logicamente, são sensíveis às bases de dados assumidas. As fontes das informações utilizadas são a UNESCO e a OCDE. Em realidade, essas duas instituições não produzem séries, senão que utilizam as bases de informações proporcionadas pelos governos nacionais. Entre os países da OCDE, existe uma uniformização e as instituições produtoras têm autonomia/independência dos governos, e possuem quadros técnicos com elevada qualificação. Em muitos países em desenvolvimento esse não é o caso. Por outra parte, o embasamento empírico é, na maioria dos artigos que resenhamos, realizada a partir das elaborações de Barro e Lee (ver referências no começo deste parágrafo). Essas séries abrangem muitos países, cada um deles com singularidades na elaboração, classificação, ruptura e reconstituição de séries etc. Temos o próprio Brasil como exemplo da vulnerabilidade desses bancos utilizados nas pesquisas internacionais. Como bem assinala Mation (2013), a queda na taxa de escolaridade no Brasil entre 1975 e 1980, como sugerem as séries de Barro e Lee (2013) é implausível (ver Mation, 2013, p. 42).[114] Lembremos que o Brasil possui bases de dados compatíveis, em termos qualitativos, com as apresentadas nos países desenvolvidos e erros dessa magnitude em séries que servem de referencial empírico para exercícios de comparação internacional devem alertar para o cuidado com os resultados encontrados. A essa fragilidade devemos agregar, como já registramos, o diferencial na qualidade, que reduz (quando não inviabiliza) a utilização de um ano de estudo ou mesmo de um ciclo escolar em exercícios de comparabilidade internacional e mesmo intertemporal. Por exemplo, um ano de estudo no Brasil de hoje (2015) representa a mesma agregação de conhecimentos e habilidade de um ano de estudo há vinte anos? Caso a resposta seja negativa (o que é provável), confrontar esses dados é uma tarefa que não deveria ser realizada.

3. Aspectos Distributivos entre Salários (Distâncias Salariais)

Nesta seção, direcionaremos nossa atenção ao diferencial dos salários que, como fundamentaremos, pode estar vinculado ao desenvolvimento tecnológico e ao crescimento. Naturalmente, a distância salarial pode alimentar a distribuição da renda total obtida por uma sociedade. Contudo, não esgota essa dimensão. As rendas obtidas pelos ganhos de capital, as transferências governamentais, o fluxo de renda auferido pela propriedade de recursos naturais etc. integram, também, a contabilidade nacional e sua distribuição será crítica para determinar a partilha da totalidade do que é produzido por uma sociedade. Introduzir na análise aspectos tais como a repartição da renda entre capital e trabalho nos afastaria de nossos objetivos no presente livro. Nesse sentido, as questões distributivas que apreciaremos a seguir dizem respeito, ex-

---

[114] Este aspecto foi mencionado em Braz (2013).

clusivamente, à distância entre salários que é só uma dimensão de um processo muito mais complexo (a distribuição da renda total).

3.1. Crescimento, Viés Tecnológico e Diferenciação Salarial

a) A corrida entre tecnologia e oferta de educação

Vamos caricaturar o problema supondo dois trabalhadores ou dois tipos de trabalho: um qualificado e outro não qualificado. Na realidade, temos diversas "tonalidades" de qualificação, que podem ser aproximadas pelos anos de estudo ou diplomas (ou falta deles, como no caso de um indivíduo analfabeto). Fazendo a dicotomia da questão de forma binária (não qualificado e qualificado) a pergunta que nos pode introduzir ao debate é: o que determina essa distância?

A resposta não parece muito complexa: ofertas e demandas relativas. Admitamos que, em um país, exista um estoque muito elevado de trabalhadores não qualificados e poucos indivíduos qualificados (uma situação típica de países nos primeiros estágios de seu desenvolvimento). Assumamos, simultaneamente, que temos uma demanda elevada dirigida aos qualificados e o dinamismo na oferta de vagas para os não qualificados é morosa. Nesse caso, a distância entre os rendimentos médios dos dois tipos de assalariados será elevada. Dada essa situação inicial, como será a evolução desse diferencial no tempo? Para avaliar o decurso futuro vamos introduzir duas variáveis: o crescimento e a tecnologia.

Vamos começar por esta última. Em geral, podemos admitir que o viés tecnológico de uma matriz econômica pode ser diverso, podendo ir de trabalho não qualificado intensivo (utiliza muito trabalho não qualificado por unidade produto) a intensivo em trabalho qualificado. Se essa ocorrência é, teoricamente, factível, em geral, o desenvolvimento tecnológico tende a ser intensivo em capital (aumenta a quantidade de capital por trabalhador) e vigoroso em sua demanda por indivíduos com maior qualificação. Dessa forma, o desenvolvimento tecnológico tende a beneficiar a demanda por trabalhadores com elevada qualificação em detrimento dos assalariados com menores níveis de capital humano.

3. Aspectos Distributivos entre Salários (Distâncias Salariais)

Introduzamos, agora, o crescimento. A elevação no nível de produto, no médio e longo prazos, surge de novos investimentos, que ampliam a capacidade produtiva. Esses novos investimentos vão abrindo novas vagas e o perfil de sua demanda vai depender do viés tecnológico adotado. Se, com uma certa dose de realismo, admitimos que o perfil das vagas que se estão abrindo privilegiam o trabalho qualificado em detrimento do não qualificado, teremos uma mudança na demanda de trabalho por parte das firmas, com mais oportunidades de emprego em favor dos indivíduos com maior qualificação.[115] Essa vitalidade na procura por trabalho qualificado tenderá a elevar seus salários? A resposta vai depender da evolução da oferta. Se o aumento na disponibilidade de trabalhadores com essa formação é menor que o incremento na procura, o salário vai tender a aumentar. Ou seja, teríamos uma "corrida" entre o avanço tecnológico (e sua demanda de indivíduos qualificados) e a oferta proporcionada pelo sistema escolar (Goldin e Katz, 2010). Um processo contrário se observará no segmento de assalariados não qualificados. Em um contexto de perda de dinamismo na oferta de novas vagas, o rendimento tenderá a cair, exceto no caso que, simultaneamente, caia a disponibilidade (por maior escolarização da população, por exemplo). Em realidade, estamos diante de um simples modelo de mercado no qual interagem oferta e demanda. Uma elevação na demanda tende a aumentar o preço, exceto que uma reação na oferta interdite esse incremento.

Com esse raciocínio simples (mais que goza de uma elevada dose de realismo), podemos explicar a evolução esperada na distância entre os salários em um processo de crescimento econômico. Como, em geral, a incorporação de novas tecnologias tende a ser trabalho qualificado intensivo, a rápida variação dos indicadores de PIB é propensa a aumentar a demanda de indivíduos formados e a deprimir as oportunidades de emprego para aqueles com reduzida acumulação de capital humano.

---

[115] Estamos supondo que a matriz tecnológica vai mudando a partir da incorporação de, via investimento, novas firmas. Também podemos assumir, com uma elevada dose de realismo, a alteração do perfil tecnológico de um posto de trabalho que já estava consolidado. Os corolários que se desprendem desse tipo de hipótese não invalidam senão que acentuam a dinâmica que descreveremos a continuação.

b) Conflito igualdade—imperativos econômicos

Da ampliação da distância se infere um aumento da desigualdade. A pergunta natural seria: esse processo é inexorável? A resposta é não, à condição que a oferta de assalariados com um perfil compatível com as vagas que são abertas introduza uma compensação. Incentivos para essa maior oferta existem, uma vez que dilatação na desproporção entre salários pode ser lida como uma intensificação dos retornos à escolaridade. Em outras palavras, se intensifica o "prêmio" por uma maior escolarização, o que torna mais atraente o projeto de investimento no sistema escolar (ver Capítulo I). Contudo, expandir o nível de escolaridade da força de trabalho é um projeto de longo prazo, muitas vezes de gerações. Um aumento na demanda de engenheiros pode elevar os salários dos mesmos e tornar esse curso sumamente rentável. Mas a formação de engenheiros leva tempo, não é imediata.

A dinâmica que acabamos de sintetizar é simples, mas extremamente forte em termos de poder interpretativo de processos históricos. Vamos nos deter em vários aspectos.

A primeira conclusão é óbvia: em todo processo de crescimento existirá uma tendência à elevação das desigualdades salariais. Quanto mais elevadas sejam as taxas de crescimento, maiores as pressões para esse aumento. A concentração de renda no transcurso do milagre brasileiro mereceu abordagens desse tipo (Langoni, 2005).[116] Em geral, esse movimento que atrela uma acentuação nos indicadores de concentração de renda nas etapas históricas de rápido crescimento, quando os países começam a sair da pobreza, se industrializam e urbanizam, recebeu uma interpretação muito abrangente, como sendo uma evolução transitória, mas inexorável (Kuznets, 1955). Quando um país inicia o processo de desenvolvimento (decola ou *take-off*), as taxas de elevação do produto são pronunciadas, gerando uma demanda por recursos humanos qualificados que enfrentaria um estoque de assalariados com

---

[116] A interpretação de Langoni sobre a concentração de renda que acompanhou o milagre econômico brasileiro foi publicada originalmente em 1973 e teve como fonte sua tese de doutorado na Universidade de Chicago. Essa abordagem concorria com outro marco interpretativo que situava a origem do aumento na concentração em aspectos tais como a política salarial, a redução do poder de compra do salário-mínimo, a restrição às atividades sindicais etc. Dados nossos objetivos neste livro, nos limitaremos a apresentar a perspectiva proposta por Langoni.

3. Aspectos Distributivos entre Salários (Distâncias Salariais)

reduzido capital humano (produto da situação de pobreza herdada).[117] Essa falta de correspondência entre o perfil de indivíduos requeridos e os disponíveis geraria um distanciamento no leque salarial que se traduziria em parâmetros de concentração em elevação. Contudo, essa evolução seria transitória, pois na medida em que a economia vai se modernizando, aumenta seu nível de renda e adquire um perfil mais urbano-industrial que agrícola, aumentando a escolarização das novas gerações. No transcorrer do tempo, a composição da força de trabalho vai se alterando, aumentando participação das faixas de escolarização mais elevadas.[118] Em termos de trajetória temporal, os parâmetros de distribuição adquiriam um formato de letra "U" invertida. Sociedades muito pobres seriam relativamente igualitárias, aumentando a concentração na transição e, na medida em que estágios maduros são completados, a diferenciação de renda tenderia a cair. Em todo esse processo, a oferta e a demanda de educação ocupam um status analítico nevrálgico nos marcos interpretativos. Todavia, a desconcentração final é explicada pela concentração anterior. Vamos nos deter neste aspecto.

Em economias de mercado, os preços (no caso que estamos apresentando, os salários seriam os preços do trabalho) são sinais. Quando um preço sobe, está enviando um sinal que induziria à redução da demanda e aumento da oferta.[119] No caso dos salários relativos que abordamos nos parágrafos anteriores, a elevação dos rendimentos do trabalho qualificado incita as pessoas a adquirirem mais educação. Essa maior formação reduz a disponibilidade de indivíduos com baixa escolaridade e eleva a daqueles com maior acumulação de capital humano. Essa

---

[117] Na China, por exemplo, o Índice de Gini passou de 0,291 no começo dos anos 1980 (quando esse país começou a rápida abertura e a integração à economia mundial, gerando elevadíssimos percentuais de crescimento) para 0,42 em 2010. (Fonte: Banco Mundial. Disponível em: <http://data.worldbank.org/indicator/SI.POV.GINI>. Acesso em: 17 mar. 2015.) Lembremos que o Índice de Gini é um dos indicadores mais populares quando o objetivo é quantificar a concentração de renda. Ele varia de zero (máxima igualdade) a um (máxima desigualdade).

[118] Outras abordagens pretendem explicar por que a concentração acompanha as primeiras etapas do caminho ao desenvolvimento. Uma vez que estamos abordando questões associada à educação, só estamos apresentamos essa leitura. Mesmo no arcabouço de Kuznets, a realocação do trabalho do setor agrícola tradicional para o urbano–industrial tem como desdobramento uma elevação nos indicadores de concentração.

[119] Justamente, na análise que apresentamos, deixamos de considerar a possibilidade de substituição entre trabalho qualificado e não qualificado ou entre estes e o capital. Introduzir esses aspectos sofistica e complica a lógica de nossa argumentação, ainda que seus principais argumentos continuem válidos. Por outra parte, podemos imaginar que a tecnologia não outorga liberdade de substituição, sendo a combinação entre trabalho qualificado, não qualificado e capital realizada em proporções fixas, uma hipótese com algum grau de realismo.

dinâmica de mudança na composição da população, segundo faixas de instrução, vai ao encontro das necessidades da matriz tecnológica e do crescimento. Naturalmente, esta melhor articulação entre o perfil de oferta e demanda de recursos humanos vai redundar em sociedades menos desiguais.

3.2 A Nova Desigualdade: tecnologia, crescimento e mercados mundiais

Esta interpretação geral que era mais ou menos consensual até os anos 1980, sofreu, contudo, certa falta de correspondência com a reversão da tendência à igualdade nas economias maduras. Os parâmetros de concentração em países que estavam na vanguarda da renda per capita iniciaram uma trajetória de aumento que ia de encontro com o cenário esperado pelo paradigma analítico relativamente bem-aceito (Curva de Kuznets). Esse movimento gerou um esforço interpretativo que voltou a colocar a educação, seja direta seja indiretamente, em um lugar privilegiado.

A explicação identifica a origem da concentração no novo núcleo dinâmico das economias: a produção de conhecimento, as novas tecnologias, design etc. todas atividades que são levadas adiante por recursos humanos altamente qualificados. Ou seja, a demanda por indivíduos com um elevadíssimo capital humano teria crescido, nas últimas décadas, em tal magnitude que não teve correspondência com a evolução, muito mais discreta, da disponibilidade. Assim, uma nova matriz tecnológica extremamente enviesada em favor de trabalhadores com elevada acumulação de capital humano teria gerado uma configuração de rendimentos mais concentrada (Acemoglu, 2002).

Essa dinâmica teria adquirido um perfil um tanto particular pelo contexto em que se verificou: uma abertura das economias aos fluxos de comércio externo. Vejamos com detalhe este aspecto, uma vez que está particularmente associado a uma singular evolução no retorno econômico por educação.

3. Aspectos Distributivos entre Salários (Distâncias Salariais)

Em termos teóricos, o que nos diziam os paradigmas analíticos sobre os impactos da abertura dos mercados sobre a distribuição de rendimentos? Em geral, existem diversas escolas, mas o modelo de Heckscher-Ohlin-Samuelson (HOS) era uma referência (mesmo que para discordar). Essa perspectiva sugeria que o mundo em desenvolvimento tinha um recurso em abundância: o trabalho não qualificado. Contrariamente, o mundo desenvolvido tinha maior dotação relativa de mão de obra qualificada. A abertura dos mercados induziria a uma especialização dos países naqueles produtos que foram mais intensivos na utilização dos recursos que possuíssem em abundância. Assim, os países em desenvolvimento se especializariam na oferta de bens intensivos em recursos humanos não qualificados e o contrário aconteceria nas nações de elevada renda. Esse movimento levaria a alterar a trajetória que Kuznets imaginava e da abertura decorreria uma alteração na distribuição de renda que variaria segundo o país fosse desenvolvido ou em vias de desenvolvimento. Nas nações em processo de desenvolvimento, a especialização em produtos intensivos em trabalho não qualificado reduziria o leque salarial e os índices de concentração cairiam. Nos países desenvolvidos, o resultado não era simétrico, uma vez que, em sua especialização em torno de uma oferta intensiva em recursos humanos muito qualificados, a demanda de trabalhadores com elevado capital humano seria acentuada e se verificaria uma tendência à concentração.

Contudo, por diversos motivos, a realidade parece se distanciar desse modelo. Em primeiro lugar, nem todos os setores de uma economia são suscetíveis de ter uma oferta potencialmente comercializável com o exterior. Em outros termos, há produtos que são comercializáveis (*tradables*), como soja, carros, camisetas etc. e outros produtos não comercializáveis (*no tradables*), como construção civil, manicure, cabeleireiro, escolas etc.

Um segundo aspecto, que distancia a realidade das hipóteses do modelo, diz respeito ao diferencial de intensidade de recursos humanos qualificados segundo o setor. A oferta não comercializável se caracteriza por ser intensiva em recursos humanos escassamente qualificados.[120]

---
[120] Estamos fazendo uma caricatura a fins de ilustração. A medicina é um setor não comercializável intensivo em recursos humanos qualificados. Mas essas são mais exceções que regra.

Um terceiro elemento, que torna mais complexo o modelo, está associado ao caráter extremamente intensivo em recursos humanos muitíssimo qualificados de certa oferta que é comercializável. Estamos referindo à pesquisa e desenvolvimento de novas tecnologias e produtos, ao design etc. Um bem comporta duas dimensões: uma de pesquisa, design etc. e outra de produção. A abundância de recursos humanos qualificados nos países desenvolvidos induz a uma concentração das primeiras tarefas, sendo a produção propriamente dita deslocada para países com mão de obra barata e menos qualificada.

Por último, um quarto elemento, que se articula com o anterior, diz respeito às possibilidades de codificação das tarefas e à substituição de trabalho humano por máquinas. Essa codificação e substituição são factíveis na esfera da produção. Contrariamente, é menos exequível na pesquisa, design etc. e, paradoxalmente, também é pouco plausível nas atividades de serviços que exigem pouca qualificação e não são comercializáveis.

Dessa forma, a abertura dos mercados gera um resultado curioso. Atividades que historicamente requeriam níveis médios de escolaridade e estavam vinculadas a uma oferta factível de ser comercializada com o exterior são codificadas/automatizadas, são deslocadas para países/regiões com abundante mão de obra desqualificada e de baixo custo, como China, Vietnã, Camboja, Bangladesh etc. As tarefas de pesquisa e desenvolvimento, produção de conhecimento etc. são concentradas nos países desenvolvidos, dotados de uma abundância relativa de recursos humanos extremamente qualificados.

Observamos assim, uma polarização dos mercados de trabalho nos países centrais (Acemoglu e Autor, 2012). A demanda por trabalhadores com elevadíssima qualificação conserva seu dinamismo. O emprego e salários dos estratos de escolaridade média são penalizados pelo deslocamento da produção à qual historicamente estavam associados (indústria automobilística nos EUA ou a têxtil no Brasil). Os empregos de baixa escolaridade e reduzida qualidade são conservados, uma vez que integram segmentos de oferta não suscetíveis de serem comercializados/codificados e substituídos por máquinas.[121]

---

[121] Voltamos a salientar que estamos fazendo uma simplificação caricatural a fins didáticos. Como bem assinalam Acemoglu e Autor (2012), certos empregos com escolaridade média, como os paramédicos (radiologistas, analistas de laboratórios etc.), conservarão seu dinamismo, seja porque não podem ser deslocados, seja porque há uma demanda crescente (por exemplo, pelo envelhecimento da população).

No caso do Brasil, existem indícios dessa polarização em torno de pontos extremos da escolaridade. A taxa de desemprego, segundo anos de estudo, observa uma letra U invertida, com um máximo de 13% com nove anos de estudo, sendo de 4% no caso dos analfabetos e 5% no caso dos indivíduos com 15 anos ou mais de estudo.[122] Por outra parte, existem evidências que assinalam uma queda nos retornos educacionais — exceto no limite superior (Davanzo e Ferro, 2014)[123] Mas, a deterioração do emprego e salários nos estratos médios de escolaridade, nos casos de países de renda média como o Brasil, é um aspecto em aberto que merece futuras pesquisas.

IV. Comentários Finais

O capital humano em sentido amplo (que inclui além da educação formal, o *learning-by-doing*, a produção de conhecimento, as atividades de cópia e imitação para atingir a fronteira tecnológica etc.) mereceram, nos últimos vinte anos, uma particular atenção no âmbito acadêmico. Contribuições teóricas, verdadeiros nichos analíticos dentro de escolas de pensamento, foram desenvolvidas para identificar nas atividades de aquisição, desenvolvimento e propagação de educação e conhecimento, o novo motor de crescimento do século XX e começo do seguinte. Esse novo núcleo teria tais particularidades que possibilitariam que as economias maduras fugissem da estagnação visualizada de forma pessimista pelos maiores economistas desde Adam Smith.

Em termos teóricos, os nexos parecem robustos e adquiriram sofisticação de variações que pareciam dar conta das múltiplas trajetórias concretas trilhadas por diversos países. Fracassos, milagres e armadilhas (da pobreza, da renda média etc.) pareciam poder serem compreendidas a partir de abstrações de modelos bem consistentes.

---

[122] Fonte: Microdados PNAD/2013; elaboração do autor.

[123] Davanzo e Ferro (2014, p. 3) sustentam que: "evidenciada uma tendência recente de queda dos diferenciais salariais, que é observada em todos os níveis, exceto na relação entre a pós-graduação e o ensino superior".

> ### Escolarização → Crescimento ou Crescimento → Escolarização
>
> Como vimos no texto, diversos autores (Pritchett, 2001, por exemplo) levantam dúvidas acerca do impacto do investimento em educação sobre o crescimento. Essas dúvidas se alimentam tanto da fragilidade nas bases de dados (ver Seção 2.4 deste capítulo) como inúmeras especificações que podem adquirir um vínculo à qualificação da força de trabalho e aos indicadores de crescimento. Bils e Klenow (2000) sustentam que a escolarização só explica 1/3 do crescimento. Ou seja, muito pouco.
>
> Mas quais seriam as causas do dinamismo no longo prazo? Poderíamos evocar diferentes teorias, mas atualmente as instituições (direitos de propriedade, sistema político, incentivos etc.) parecem gozar de um certo consenso no âmbito acadêmico.
>
> Mas então, de onde proviria a correlação entre educação e crescimento? Como se justificaria analiticamente esse vínculo? Antes de analisar esse aspecto, devemos lembrar que correlação não significa ordem de causalidade. No caso de o nível de escolarização de uma população ir *pari passu* com o crescimento não necessariamente expressa uma ordem de causalidade da educação para o crescimento. Bils e Klenow (2000) argumentam que o resultado de investir na ordem de causalidade (o crescimento induz uma maior demanda de educação por parte da população) é mais relevante que seu contrário. Por que uma população que percebe um ambiente de crescimento demandaria mais educação? A educação seria um bem de consumo e não de investimento? À medida que um país eleva o nível de renda, a maior disponibilidade e sofisticação de bens e serviços requereria maiores níveis de educação para seu consumo? Como sustentam Bils e Klenow (2000), a questão fica em aberto, mas existem resultados estatísticos que não recomendam descartar essa ordem de causalidade.

Contudo, a transição entre o referencial analítico e as verificações empíricas não foi tão pacífica como se previa. O ponto de maior fragilidade foi na construção de séries com comparabilidade espacial e temporal de um indicador do capital humano. Quantificar este último é uma tarefa que ainda está distante de ser minimamente satisfatória. Basicamente, o capital humano é uma variável difícil de ser quantificada e nessa dificuldade repousa a fragilidade de sua comparabilidade. Aferir a aderência entre um modelo teórico e bases empíricas é crucial para que um paradigma supere um status de mera especulação ou exercício analítico. Os conhecimentos, as capacidades cognitivas e não cognitivas de um país (especialmente de sua força de trabalho) são ativos de medição extremamente difícil.

Em princípio, existem evidências que sugerem que a qualidade e a quantidade de educação de um país têm impacto sobre o crescimento futuro. Certos artigos, publicados em prestigiosas publicações internacionais, introduzem dúvidas sobre a robustez dessa relação de causalidade. Se o balanço se realiza em termos de artigos publicados, o cotejo tende a beneficiar a hipótese que espera um vínculo favorável ao capital humano.

> ### Educação, Empregos Públicos e Crescimento
>
> Implicitamente, as perspectivas teóricas que avaliam em que medida o aumento da escolarização eleva as fronteiras do crescimento estão supondo que os recursos humanos de um país estão sendo alocados de forma eficiente. Ou seja, que o aumento das habilidades cognitivas e não cognitivas da força de trabalho são utilizadas pela estrutura produtiva de forma tal que o resultado seja uma elevação de produtividade da economia.
>
> Existe uma discussão na literatura sobre essa eficiente alocação nas economias em desenvolvimento, justamente aquelas nas quais, pela baixa escolaridade de sua força de trabalho, teriam de ser as que registrem os maiores retornos econômicos nos recursos alocados à formação de capital humano. Contudo, nessas economias, a alocação desses indivíduos não seria otimamente lograda por sua contratação no setor público, setor no qual a baixa produtividade, concomitantemente a elevados salários, reduziria o potencial de crescimento (Gleb, Knight e Sabot, 1991; Pritchett, 2001).

As mais modernas abordagens teóricas e que gozam de um crescente consenso no âmbito acadêmico tendem a identificar nas instituições (entendidas como o marco legal/institucional que pauta incentivos, riscos etc.) a explicação do êxito ou fracasso das nações (Acemoglu e Robinson, 2012, por exemplo). Ou seja, a trajetória econômica de um país não parece ter como alicerce só uma variável, por mais importante que ela seja. O contexto no qual o capital humano interage com outros parâmetros é fundamental para explicar sua contribuição. A experiência (negativa) da África nas décadas de 1960–1970 e dos países da Europa Oriental durante a era da URSS estão aí para testemunhar (Easterly, 2001). As pesquisas, hoje, tendem a outorgar relevância ao contexto no qual o capital humano interage. Como sustentam Acemoglu e Robinson (2012, p. 436): "[...] how a society will respond to the same policy intervention depends on the institutions that are in place".

BIBLIOGRAFIA CITADA

ACEMOGLU, D. Technical Change, Inequality, and the Labor Market. *Journal of Economic Literature*, v. 40, n. 1, p. 7–72, Mar. 2002.

_____. What Does Human Capital Do? A Review of Goldin and Katz's The Race between Education and Technology. *Journal of Economic Literature*, v. 50, n. 2, p. 426–463, 2012.

_____. ROBINSON, J.A. *Why Nations Fail*. Crown Business, 2012.

AGHION, P.; HOWITT, P.W. *Endogenous Growth Theory*. The MIT Press, 1997.

_____. *The Economics of Growth*. The MIT Press, 2008.

ARROW, K.J. The Economic Implications of Learning by Doing. *The Review of Economic Studies*, v. 29, n. 3, p. 155–173, June 1962.

AZARIADIS, C.; DRAZEN, A. Threshold Externalities in Economic Development. *The Quartely Journal of Economics*, v. 105, n. 2, p. 501–526, May 1990.

BARRO, R.J. Economic Growth in a Cross Section of Countries. *The Quarterly Journal of Economics*, v. 106, n. 2, p. 407–443, May 1991.

BARRO, R.J.; LEE, J.W. International Comparisons of Educational Attainment. *Journal of Monetary Economics*, v. 32, n. 3, p. 363–394, 1993.

_____. International Measures of Schooling Years and Schooling Quality. *American Economic Review*, v. 86, n. 2, p. 218–233, May 1996.

_____. International data on educational attainment: updates and implications. *Oxford Economic Papers*, v. 53, n. 3, p. 541–563, 2001.

_____. A New Data Set of Educational Attainment in the World, 1950–2010. *Journal of Development Economics*, v. 104, p. 184–198, Sep. 2013.

BARRO, R.J.; SALA-I-MARTIN, X. *Economic Growth*. 2nd Edition. The MIT Press, 2004.

BASSANINI, S.; SCARPETTA, A. Does Human Capital Matter for Growth in OECD Countries? *OECD Economics Department. Working Papers* n. 282, 2001. Disponível em: <http://zip.net/bwqw5G>. Acesso em: 16 mar. 2015.

BENHABIB, J.; SPIEGEL. M.M. The role of human capital in economic development evidence from aggregate cross-country data. *Journal of Monetary Economics*, v. 34, n. 2, p. 143–173, Oct. 1994.

BILS, M.; KLENOW, P.J. Does Schooling Cause Growth? *The American Economic Review*, v. 90, n. 5, p. 1160–1183, Dec. 2000.

IV. Comentários Finais

BRAZ, R.E.T. *Capital Humano e Crescimento Econômico.* Departamento de Economia, Mimeo, 2013.

COHEN, M.; SOTO, M. Growth and human capital: Good data, Good results. *OCDE Technical Papers,* n. 179, 2001. Disponível em: <http://zip.net/bqqycS>. Acesso em: 16 mar. 2015.

DAVANZO, E.S.; FERRO, A.R. *Retornos à Educação:* Uma Análise Sobre as Causas da Redução do Diferencial Salarial por Anos de Estudo no Brasil. *XIX Encontro Nacional de Estudos Populacionais,* 2014. Disponível em <http://zip.net/bmqxBV>. Acesso em: 16 mar. 2015.

EASTERLY, W.E. *The Elusive Quest for Growth: Economists' Adventures and Misadventures in the Tropics.* The MIT Press, 2001.

GLEB, A.; KNIGHT, J.B.; SABOT, R.H. Public Sector Employment, Rent Seeking and Economic Growth. In: *The Economic Journal,* v. 101, n. 408, p. 1186–1199, Sep. 1991.

GOLDIN, C.; KATZ, L.F. *The Race between Education and Technology.* Belknap Press, 2010.

GURGAND, M. Le Rôle du Capital Humain. *Économie et Statistique,* n. 363–364–365, p. 45–46, 2003.

HANUSHEK, E.A.; KIMKO, D.D. Schooling, Labor-Force Quality, and the Growth of Nations. *The American Economic Review,* v. 90, n. 5, p. 1184–1208, Dec. 2000.

KLENOW, P.J.; RODRÍGUEZ-CLARE, A. The Neoclassical Revival in Growth Economics: has it gone so far? *NBER Macroeconomics Annual,* v. 12, 1997. Disponível em: <http://www.nber.org/chapters/c11037.pdf>. Acesso em: 16 mar. 2015.

KNIGHT, J.B.; SABOT, R.H. Educational Expansion and the Kuznets Effect. *The American Economic Review,* v. 73, n. 5, p. 1132–1136, Dec. 1983.

KREMER, M. Creating Markets for New Vaccines Part I: Rationale. *NBER Working Paper n. 7716,* May 2000.a. Disponível em: <http://www.nber.org/papers/w7716>. Acesso em: 16 mar. 2015.

_____. Creating Markets for New Vaccines Part II: Design Issues. *NBER Working Paper n. 7717,* May 2000.b. Disponível em: <http://www.nber.org/papers/w7717>. Acesso em: 16 mar. 2015.

KRUGMAN, P. *The Age of Diminished Expectations.* 3rd Edition. The MIT Press, 1997.

KUZNETS, S. Economic Growth and Income Inequality. *American Economic Review,* v. XLV, n. 1, p. 1–28, Mar. 1955.

LANGONI, C.G. *Distribuição da Renda e Desenvolvimento Econômico do Brasil*. 3ª Edição. FGV Editora, 2005.

LÉVI-STRAUS, C. *Tristes Trópicos*. Companhia das Letras, 2014.

LUCAS, R.E. On the Mechanics of Economic Development. *Journal of Monetary Economics*, v. 22, n. 1, p. 3–42, 1988.

MANKIW, N.G.; ROMER, D.; WEIL, D.N. A Contribution to the Empirics of Economic Growth. *The Quarterly Journal of Economics*, v. 107, n. 2, p. 407–437, 1992.

Mation, L., Produtividade Total dos Fatores no Brasil: impactos na educação e comparações internacionais. *Boletim Radar – IPEA*, v. 28, p.39–46, 8/2013. Disponível em: <http://zip.net/bmqxxY>. Acesso em: 06 abr. 2015.

MAURIN, E.; THESMAR, D.; THOENING, M. Mondialisation des échanges et emploi: le rôle des exportations. *Économie et Statistique*, n. 363–364–365, p. 33–44, 2003.

OECD. *Science, Technology and Industry*. OECD Publishing, 2014.

PRITCHETT, L. Where has all the education gone? *World Bank Economic Review*, v. 15, n. 3, p. 367–392, Oct. 2001.

RAUSTIALA, K.; SPRIGMAN, C. The Piracy Paradox: Innovation and Intellectual Property in Fashion Design. *Virginia Law Review*, v. 92, n. 8, p. 1687–1777, Dec. 2006.

ROMER, P. M. Human Capital and Growth: theory and evidence. *Carnegie-Rochester Conference Series on Public Policy*, v. 32, n. 1, p. 251–286, 1990.

SACHS, J. A patente, a Aids e os pobres. *Folha de São Paulo*. 6 maio de 2001. Disponível em: <http://zip.net/bsqxG5>. Acesso em: 16 mar. 2015.

SCHULTZ, T.W. Capital Formation by Education. *Journal of Political Economy*, v. 68, n. 6, p. 571–583, Dec. 1960.

_____. The Value of the Ability to Deal with Disequilibria. *Journal of Economic Literature*, v. 13, n. 3, p. 827–846, Sep. 1975.

SOLOW, R.M. A Contribution to the Theory of Economic Growth. *The Quarterly Journal of Economics*, v. 70, n. 1, p. 65–94, Feb. 1956.

_____. Technical Change and the Aggregate Production Function. *The Review of Economics and Statistics*, v. 39, n. 3, p. 312–320, Aug. 1957.

_____. *Learning from 'Learning by Doing': Lessons for Economic Growth*. Stanford University Press, 1997.

Anexo 4

Definindo Externalidades, Bens Públicos e Rivalidade

Usualmente, a maioria dos olhares em economia gira em torno de processos de produção e bens nos quais os benefícios, custos e direitos de propriedade supõem-se que estejam bem definidos. Em geral, essas hipóteses são válidas. Por exemplo, quando uma pessoa come uma maçã, essa atitude implica que ela é proprietária e que outra pessoa não vai comer essa fruta. Por outro lado, ela teria pago um preço que representa, em termos monetários, o benefício ou a utilidade que lhe reporta essa maçã e compensa o custo de ter sido produzida.

As hipóteses subjacentes a esse mundo ideal muitas vezes não são preenchidas. O exemplo clássico da poluição representa um custo (para a sociedade) que, na maioria das vezes, não é internalizado pelas firmas. Podemos encontrar benefícios que também não são contabilizados. Um trabalhador pode ser pago por sua produtividade, mas sua educação pode influenciar a produtividade de seus colegas e, por esse impacto positivo, não é remunerado. Meu vizinho pode contratar um paisagista para seu jardim e nós, sem termos incorrido em custos, podemos usufruir da sua beleza. A iluminação de nossa quadra representa um serviço que consumimos, consumo que não representa uma redução da quantidade disponível de iluminação para meu vizinho.

Esses contextos possíveis alteram muitos dos resultados (em termos de quantidades e preços) obtidos mediante a interação entre oferta e demanda em situações "normais". Por exemplo, se um assalariado fosse remunerado pelo impacto que sua educação tem sobre a produtividade de seus colegas, talvez estudasse mais.

Definamos os termos que os economistas utilizam para conceituar essas situações.

Quando os preços de mercado não revelam a integralidade dos benefícios e dos custos do processo de produção e consumo (como no caso do jardim do vizinho, mencionado anteriormente), estamos diante de **externalidades**, que podem ser positivas (no caso dos benefícios) ou negativas (no caso dos custos não contabilizados).

Um bem é **rival** quando seu consumo redunda no não consumo por outros. Contrariamente, **não rival** quando nosso consumo não implica na negação do consumo dos outros.

Quando não podemos apresentar nenhum mecanismo eficiente que limite seu acesso, o bem seria **não exclusivo**. Por exemplo, é impossível imaginar alguma limitação para o "consumo", por um transeunte, da iluminação pública. Contrariamente, **exclusivo** seria a característica de um bem ou serviço para o qual é factível impor limitações legais para seu consumo.

Bens **divisíveis** seriam aqueles que se podem fracionar, e **não divisíveis** aqueles que não admitem fracionamento (iluminação pública).

Essas definições nos conduzem a outras. Um **bem público** é definido como aquele bem não rival, não exclusivo e indivisível (a defesa nacional, a iluminação pública etc.). Mas um bem público não é necessariamente ofertado pelo Estado. Um canal aberto de televisão e as emissões de uma estação de rádio são exemplos de bens públicos. Em geral, os bens públicos são ofertados pelo Estado, estabelecer um mercado para eles é impossível, mas não necessariamente é assim (o exemplo da transmissão de um sinal de televisão aberta). Porém, em todos os casos algum tipo de intervenção do Estado é necessária, seja diretamente ofertando o mesmo, seja mediante regulamentação (televisão aberta).

O conceito de *spillover* é amplamente utilizado em economia. Basicamente, transmite a ideia de "derramamento" ou "transbordamento".

IV. Comentários Finais

Em geral, tem uma conotação positiva (seria quase idêntico a uma externalidade positiva) se utilizado nos casos de efeitos que vão além do objetivo primário. Por exemplo, a educação tem efeito sobre a capacidade cognitiva, habilidades etc., *spillovers* sobre a saúde, o comportamento cidadão etc.

Índice

A

Abdul Latif Jameel Poverty Action Lab 96
accountability 120
Acemoglu, D. 164
ambiente
  familiar/social 58
  socioeconômico 38, 114
Arrow, Kenneth 62
atributos pessoais 57
avaliação 87
  Experimental 98
avanço tecnológico 159

B

Barro, R. 16, 155
Becker, G. 13
Bolsa Família 94

C

capital físico 5
capital humano 142
Capital Humano 49
  depreciação 30
  Específico 36
  Geral 33
catch-up 142
ciclo de vida 39, 56
círculo vicioso da pobreza 143
compensação econômica 5
Conscientização 9
contrafactual 95
crescimento econômico 70, 139
Crescimento Endógeno 144
custos 80, 151

D

desalienação 10
desemprego 18
desenvolvimento científico e tecnológico 142
desigualdades salariais 160
determinismo social 123
diploma 50, 63
  inflação 63, 77
divisão do trabalho 3
Duflo, E. 96, 116

E

Easterly, W. 167
economias de mercado 9
educação 70
  absoluta 63, 75
  filtro 62
  invisível 72
  ITA 65
  poupança–investimento 21
  qualidade 25
  relativa 50, 70
  sinal 62
eficácia 94, 96
eficiência 70, 94
ENADE 88
ENEM 88
Escola Clássica 9
esperança de vida 16
estabelecimento escolar 21, 62

estabilidade institucional 16
Experimento
  Controlado/Natural 98

F

família 28, 38
flexibilidade 39, 120
fluxo futuro de rendimentos 17
formação de capital humano 116
Função de Produção 92

G

ganhos de produtividade 5
gastos 105

H

Hanushek, E.A. 107
herança genética 54

I

idade 29, 76
IDEB 88
informação imperfeita 62
infraestrutura escolar 93
inovação 142
investimento 144, 152

K

Krugman, P. 135

L

Langoni, C. 160

learning-by-doing 148
Lévi-Strauss, C. 143
loteria da vida 53
Lucas, R. 145

M

Malthus, T. 139
Mankiw, N. G. 145
marxismo 10
McCulloch, J. R. 7
Menezes Filho 109
Mill, J. S. 8
Mincer, J. 13
MIT 96
Modelo de Solow 137
modelo padrão 2
mortalidade infantil 15
mutação tecnológica 143

N

natalidade 8
nexo estatístico 102

O

OCDE 75, 88
on-the-job training 67
oportunidade, custo de 20

P

paz social 6
Peer Effects 124
pesquisa e desenvolvimento 143
Pesquisa e Desenvolvimento 148
PIB 107
PISA 88

polivalência 67
posto de trabalho 79, 135
potencialidades 5
poupança 21
preferência intertemporal 47
Prêmio Nobel 62
produção de conhecimento 162
produtividade 13
professores 91
propriedade 148
Provão 88

Q

qualificação do professor 105
quase-mercado 119

R

racionalidade econômica 15
referenciais analíticos 104
Relatório Coleman 106
rendimentos 32, 53
retorno 29
Ricardo, D. 139
Romer, P. 144

S

salários 50
school-to-work transition 125

Schultz, T. 13
Senior, N. W. 6
serviço público 121
Sistema de Avaliação
    da Educação Básica 88
Smith, A. 8
Solow, R. 138
subinvestimento 47

T

tamanho da turma 99
taxa de desconto 46
Teoria do Capital Humano 13
Teoria do Filtro 69
testes de avaliação 122
tolerância 16
trabalho infantil 7
treinamento 79

U

UNESCO 156

V

Valor Agregado 113
Valor Presente 2, 46
variabilidade salarial 51
vida profissional 18
vouchers para educação 119

Impressão e acabamento:
Grupo SmartPrinter
Soluções em impressão